Ontologia Jurídica
O PROBLEMA DE SUA FIXAÇÃO TEÓRICA

M217o Maia, Alexandre da
Ontologia jurídica: o problema de sua fixação teórica com relação ao garantismo jurídico / Alexandre da Maia. — Porto Alegre: Livraria do Advogado, 2000.
120 p.; 14x21 cm.

ISBN 85-7348-142-0

1. Direito. 2. Teoria do Direito. 3. Filosofia do Direito.

CDU 34

Índices para catálogo sistemático

Direito
Filosofia do Direito
Teoria do Direito

(Bibliotecária responsável: Marta Roberto, CRB-10/652)

ALEXANDRE DA MAIA

Ontologia Jurídica
O PROBLEMA DE SUA FIXAÇÃO TEÓRICA
(com relação ao garantismo jurídico)

livraria
DO ADVOGADO
editora

Porto Alegre 2000

© Alexandre da Maia, 2000

Capa, projeto gráfico e diagramação de
Livraria do Advogado Editora

Revisão:
Rosane Marques Borba

Direitos desta edição reservados por
Livraria do Advogado Ltda.
Rua Riachuelo, 1338
90010-273 Porto Alegre RS
Telefax: 0800-51-7522
E-mail: info@doadvogado.com.br
Internet: www.doadvogado.com.br

Impresso no Brasil / Printed in Brazil

Para Angela, Adriana e Rodrigo,
pelo muito que abnegadamente fazem por mim
sem esperar nada em troca, a não ser
meu carinho e companheirismo.

Para Ronaldo,
pela cultura humanística recebida desde o berço.

Para Flávia,
razão maior de tudo que eu faço.
Meu dia, meu amanhecer.

Agradecimentos

A todas as pessoas que, direta ou indiretamente, colaboraram para a conclusão deste livro, a saber:

Aos Amigos Lenio Luiz Streck, José Luis Bolzan de Morais, Luis Alberto Warat, Tercio Sampaio Ferraz Jr., Sonia Ferraz, André Rosa, Adriano Oliveira, Waldyr Affonso Neto, Marcelo Trevor e ao pessoal de Olinda, Torquato Castro Jr., Sady Torres Filho, Júlio Tobias, Rodrigo Maranhão, Ricardo Beltrão, Albano Pêpe, Ubirajara Tavares de Melo Filho e José Janguiê Bezerra Diniz.

Funcionários dos CPGD/UFPE: Josina de Sá Leitão, a querida Josi, por toda a amizade e competência habituais; Elaine, Elizabeth e Gracinha, pelo apoio necessário e pontual; Joanita e Wando, pela água, café e simpatia;

Professores dos CPGD/UFPE: George Browne Rêgo, Cláudio Souto, Maurício Rands, Luciano Oliveira, Raymundo Juliano, Paulo Lôbo, Nelson Saldanha, Andreas Krell, Eduardo Rabenhorst, Ivo Dantas e Hugo de Brito Machado, pelos ensinamentos e perspicácia próprios dos grandes mestres, fundamentais para o destaque positivo da nossa Pós-Graduação;

Colegas do CPGD/UFPE: Artur Stamford, Ricardo Ribeiro, Walber Agra, Fabiano Mendonça, Vladimir da Rocha França, Ricardo Jorge de Aguiar Guedes, Alexandre Pimentel, Zélio Furtado e José Vianna Ulisses Filho, pelo companheirismo e amizade de sempre;

Funcionários da biblioteca da Faculdade de Direito do Recife: Sinésia, Elza e Aldemir, pela solicitude e atenção magistrais;

Instituições públicas: Conselho Nacional de Desenvolvimento Científico e Tecnológico (**CNPq**) e Universidade Federal de Pernambuco (**UFPE**), que possibilitaram o desenvolvimento das pesquisas para a elaboração do presente trabalho, oriunda de minha dissertação de mestrado;

Grupo *La Rabida*: Os professores e amigos Joaquín Herrera Flores, David Sanchez Rubio, Boaventura de Sousa Santos, Luigi Ferrajoli, Tomaz Villasante, Juan Antonio Senent de Frutos, Clèmerson Merlin Clève, Leopoldo Múnera Ruiz e Carlos Zambrano, com quem tive o prazer de estudar e trocar idéias valiosíssimas na *Universidad Internacional de Andalucía*, Espanha, onde pude perceber e vivenciar uma visão mais humanista do fenômeno jurídico. Não podemos esquecer os funcionários Felipe, Antonio, Rocío, Leo, Enrique, Dani, e, especialmente, o grande amigo e vigilante Paco, com quem, nas conversas pela madrugada, aprendi a ser mais humano. Todos os colegas e amigos do mestrado em direito de La Rabida, com destaque para o grande mestre e "chapa" João Paulo Allain Teixeira.

E, em especial, à pessoa sem a qual minha trajetória como acadêmico, mesmo que ainda incipiente, jamais se concretizaria: **João Maurício Adeodato**, exemplo de professor e amigo de todas as horas, pela confiança, ensinamentos e na certeza de que a Faculdade de Direito do Recife volta a receber destaque não apenas pela tradição, mas também pelo trabalho sério e comprometido dos seus integrantes. Essa abnegação germinará e fará, sem dúvida, nas palavras de Zola a seguir transcritas, rebentar a terra.

"Agora em pleno céu, o sol de abril raiava em toda a sua glória e majestade, aquecendo a terra que estava em pleno trabalho de conceber. Do flanco maternal brotava a vida, os rebentos desabrochavam em folhas verdinhas; tremiam os campos com o levantar subterrâneo das ervas. Por toda a parte as sementes inchavam, abrigavam-se, gretavam o chão, ardentes de uma necessidade de calor e de luz. Escorria um transbordar de seiva com vozes sussurrantes; o murmúrio dos germes expandia-se num grande beijo. E mais e mais – cada vez mais distintamente, como que aproximando-se do solo – os camaradas cavavam. Sob os raios inflamados do astro-rei, por aquela manhã de juventude, era aquele rumor que a campina estava grávida. Surgiam homens; um exército negro e vingador, que germinava lentamente nos sulcos da terra, nascendo para as colheitas do século, e cuja germinação não tardaria a fazer rebentar a terra."

ZOLA, Émile: *Germinal*. Rio de Janeiro: Nova Cultural, 1996, p. 448.

"You say you want a revolution
Well you know
We all want to change the world
You tell me that it's evolution
Well you know
We all want to change the world
But when you talk about destruction
Don't you know you can count me out
Don't you know it's gonna be alright
Alright Alright
You say you got a real solution
Well you know
We'd all love to see the plan
You ask me for a contribution
Well you know
We're doing what we can
But when you want money for people with minds
that hate
All I can tell you is brother you have to wait
Don't you know it's gonna be alright
Alright Alright
You say you'll change the Constitution
Well you know
We all want to change your head
You tell me it's the institution
Well you know
You better free your mind instead
But if you go carrying pictures of Chairman Mao
You ain't going to make it with anyone anyhow
Don't you know know it's gonna be alright
Alright Alright"

John LENNON & Paul McCARTNEY: "Revolution 1", faixa do disco
The Beatles, o famoso *Álbum Branco*, lançado originalmente no ano de
1968, CDP 7 46443 2 – UK: CD-PCS 7067/8.

Prefácio

Um dos grandes problemas da filosofia é investigar a possibilidade do conhecimento e, ainda que muitos filósofos tenham protestado contra isto ou mesmo desprezado tal enfoque, a preocupação gnoseológica parece ter-se tornado a principal característica da filosofia moderna e mesmo contemporânea. Certamente a questão ética continua sendo fundamental na filosofia, assim como a ontologia; mas como tratar dos valores ou do ser sem considerar as formas pelas quais nos relacionamos com eles, pelas quais os conhecemos? Se a filosofia, na cultura branca da Europa ocidental, em cuja periferia sulista e mestiça estamos, nasce à procura do ser, ontologicamente, a modernidade traz a ela esta preponderância epistemológica, a aparente vitória do "penso, logo existo", de René Descartes, dentre outros, degradado ao "penso, logo me engano", de Jean-Pierre Lentin, dentre outros, trazendo a crise da "mente enquanto espelho da natureza", na expressão de Richard Rorty. É nesse contexto, difícil, que este livro procura enfrentar a questão do vazio ontológico na observação do mundo jurídico moderno. Pois é duro viver no século XX, é duro ser moderno.

Apesar de sua juventude, Alexandre da Maia enfrenta corajosamente os problemas mais importantes da filosofia do direito, procurando introduzir o leitor às questões filosóficas, sem cair nos esquemas conceituais fáceis, de um lado, nem no jargão confuso empregado por muitos maus escritores, de outro.

Para além da perspectiva conceitual ontológica, o autor preocupa-se com as esferas pública e privada, colocando-as como ponto de partida para a fixação de uma ontologia jurídica, tomando a obra de Hannah Arendt como fio condutor para análise da dicotomia entre o público e o privado na modernidade, assim como o confronto entre jusnaturalismo e juspositivismo. Ao abordar a polêmica monismo *versus* pluralismo jurídico, o livro tenta também apor a perspectiva autopoiética de uma das vertentes da teoria sistêmica ao chamado movimento alternativo no direito brasileiro, detendo-se no exame da questão de possibilidade ou impossibilidade de um monopólio do direito pela dogmática jurídica. Aproveitando a teoria do garantismo jurídico, haurida de seus estudos na Espanha, o autor procura apontar soluções aos dilemas detectados ao longo do livro.

Devo dizer que Alexandre da Maia e eu vimos trabalhando há tempos juntos, de sua iniciação científica ao Mestrado, do Mestrado ao Doutorado e posso dizer, com certo orgulho acadêmico, que vejo minha própria filosofia do direito presente neste trabalho: a dicotomia entre ontologia e retórica, a admiração pelo pensamento de Hannah Arendt, o positivismo ético, a preocupação com o direito subdesenvolvido, a ética da tolerância que venho sugerindo. Mas ele reelabora essas idéias à sua maneira e, como estudioso atento, desenvolve seu próprio pensamento em diálogo crítico com seus professores e com os grandes pensadores de que lança mão. Da Maia está também sintonizado com o pensamento jurídico brasileiro, não referindo apenas juristas estrangeiros e a todo momento participando das discussões nacionais.

Pernambuco certamente parece estar deixando de lado as igrejinhas, as brigas de ciumeiras acadêmicas, criando amizade, reunindo-se em torno de idéias, purificando-se contra vaidades ensimesmadas e egos doentios que mais interessam a psicólogos e psiquiatras que a juristas. Mais e mais agora, na virada do século e do milênio, começa a se formar algo como uma comunidade científica, um grupo coeso, colegas em solidariedade e amor pelo direito, longe de isolamentos estéreis e rancorosos. E é precisamente em torno dos cursos de pós-graduação da velha Faculdade de Direito do Recife, de que nosso autor é um resultado, que gente de todos os cantos do Brasil e até do mundo vem ouvir e falar sobre a realidade jurídica. Evidente que o amor pelo direito nunca foi de todo extirpado das terras de Frei Caneca e que de quando em vez, aqui e ali, pontificaram figuras grandiosas, sempre em conexão com o pensamento de outras terras, brasileiras ou não, mais ou menos privilegiadas, na histórica vocação libertária e cosmopolita do Leão do Norte. Há novo "surto de novas idéias", continuando. Este livro o comprova. Alexandre da Maia e seu trabalho são um produto genuíno desses novos tempos.

João Maurício Adeodato

Professor Titular e Coordenador dos Cursos de Pós-Graduação da Faculdade de Direito do Recife – UFPE.
Pós-doutorado pela Fundação Alexander von Humboldt.
Professor convidado nas Universidades de Mainz, Freiburg i. B. e Frankfurt.
Pesquisador 1 A do CNPq. Consultor do CNPq, da CAPES, da Secretaria de Ensino Superior do MEC e de diversas Fundações Estaduais de Amparo à Pesquisa e Membro da Comissão de Ensino Jurídico do Conselho Federal da OAB.

Sumário

Apresentação - Lenio Luiz Streck 15

1. Introdução: o problema do vazio ontológico na observação do mundo jurídico 19
   1.1. Ontologia *versus* retórica: tentativas de explicação do fenômeno jurídico 19
   1.2. Metodologia adotada. 24
   1.3. Por que Luigi Ferrajoli? 27
   1.4. Organização formal do presente livro 29

2. O problema da ontologia na filosofia, em especial na filosofia do direito 31
   2.1. Colocações iniciais: metafísica, filosofia e ontologia. ... 31
   2.2. A ontologia nas teorias clássicas do direito: a teoria dos objetos na filosofia do direito 35
   2.3. Análise crítica e novas formas de estudo 39

3. O público e o privado como tentativa de fixação de uma ontologia jurídica 41
   3.1. Linguagem e acepções da palavra "direito" 41
   3.2. A dicotomia público *x* privado na *vita activa* de Hannah Arendt 43
   3.3. O público e o privado no avançar dos tempos: as teses jusnaturalistas. 49
   3.4. Passagem do Estado liberal para o Estado social: reflexos no Direito Dogmático 54
   3.5. O dirigismo contratual com o advento do Estado social. 57
   3.6. Análise crítica 58

4. Por uma crítica ao direito oficial: um estudo sobre o pluralismo jurídico 61
   4.1. Bases sistêmicas da teoria crítica do direito: a autopoiese jurídica. 61

4.1.1. A autopoiese biológica: Maturana e Varela 64
4.1.2. A autopoiese social de Niklas Luhmann 67
4.1.3. Críticas ao modelo adotado por Luhmann 69
4.2. Alopoiese jurídica entendida como "direito alternativo":
arcabouços teóricos. 71
4.2.1. "Instituído" x "Instituinte": a teoria de
Edmundo Arruda Jr. 71
4.2.2. Cláudio Souto e o direito alternativo como desviante da
ordem estatal 73
4.3. O Direito Alternativo como alopoiese: procedimentos
extradogmáticos 78
4.4. Procedimentos extradogmáticos e procedimentos ilegais 81
4.5. Poder Judiciário e alopoiese no foro de Recife 82
4.6. Alopoiese e cidadania 86

5. **O garantismo jurídico de Luigi Ferrajoli: uma introdução** . 89
5.1. Por uma teoria geral do garantismo jurídico 89
5.2. Acepções do termo "garantismo" 92
5.2.1. A primeira acepção do termo "garantismo" 92
5.2.2. A segunda acepção do termo 93
5.2.3. O ponto de vista externo de legitimidade 94
5.3. A idéia de validade e vigência no direito: elementos
formal e substancial do garantismo 95
5.4. O vazio ontológico: riscos e possibilidades de um
garantismo jurídico 98

6. **Conclusões: "Ética da tolerância" e ontologia jurídica:
caminhos possíveis** 107
6.1. Ontologia na realidade jurídica subdesenvolvida 107
6.2. Por uma união entre perspectivas ontológicas e retóricas
no direito: o problema da ética da tolerância 109
6.3. Possibilidades de discussão para o futuro 112

7. **Bibliografia** 115
7.1. Livros 115
7.2. Artigos 118
7.3. Dissertações e teses 119
7.4. Internet 120
7.5. Legislação 120

Apresentação

O conteúdo e o sentido do Direito é tema inesgotável. Em terra *brasilis*, onde desde 1988 vige uma Constituição das mais belas já produzidas, essa discussão assume foros dramáticos, quando vemos que, ao lado das cotidianas dilacerações do texto da Constituição (já são 28 (r)emendas), temos a inefetividade de parcela expressiva do texto constitucional. Daí por que não se afigura novidade dizer que vivemos uma crise no Direito e na dogmática jurídica.

É neste contexto que Alexandre da Maia insere suas reflexões, procurando discutir o vazio ontológico do mundo jurídico. Em face desse vazio, no interior do qual o sentido comum teórico dos juristas é o véu do ser do Direito, a pergunta que se impõe é: como possibilitar o acontecimento do Direito? A tarefa é hercúlea, mormente se nos dermos conta de que o Direito (e a dogmática jurídica que o intrumentaliza) encontra-se mergulhado na crise dos paradigmas objetivista aristotélico tomista e o da subjetividade (consciência, representação), bases da concepção liberal-individualista do Direito, refratários, portanto, da viragem lingüístico-hermenêutica deste século.

Consciente dessa problemática, e sem descurar do problema da superação dessa crise (que deve, fundamentalmente, ser compreendida "como" crise), Da Maia procura encontrar no garantismo de Ferrajoli e na ética da tolerância mecanismos e ferramentas para o enfrentamento da problemática da inefetividade e do vazio conteudístico do Direito em um país de terceiro mundo como o nosso. Como ele mesmo diz, o garantismo pode ser uma forma de configuração das possibilidades argumentativas no Direito, tomando-se as normas estatais como ponto de partida de uma nova forma de observação do Direito. Rompendo com a idéia de ontologia como sendo o absoluto (o ser-em-si), parte, assim, para a revisitação do seu conceito, admitindo a multiplicidade e a pluralidade como marcas latentes da sociedade (complexa) na qual estamos-desde-sempre-jogados. Muito embora isto, Da Maia reconhece as limitações do garantismo. Concordo inteiramente com o autor, e nesse sentido, como já deixei assentado em outras oportunidades, o garantismo "deve ser entendido como uma maneira de fazer democracia dentro do Direito e a partir do Direito". Como "tipo ideal", o garantismo reforça a responsabilidade ética do operador do Direito. É evidente que o garantismo não se constitui em uma panacéia para a cura dos "males" decorrentes de um Estado Social que não houve no Brasil, cujos reflexos arrazadores deve(ria)m indignar os lidadores do Direito. O que ocorre é que, em face da aguda crise do positivismo jurídico-normativista, não se pode desprezar um contributo para a operacionalidade do Direito do porte do garantismo, que prega, entre outras coisas, que a Constituição (em sua totalidade) deve ser o paradigma hermenêutico de definição do que seja um texto normativo válido ou inválido, propiciando toda uma filtragem dos dispositivos infraconstitucionais que, embora vigentes, perdem sua validade em face da Lei Maior. Dito de outro modo, o garantismo não significa um retorno a um "Estado bom" que já houve. Nos países avançados da Europa, beneficiários do *welfare state*, isso até seria possível. *No Brasil, ao contrário, onde o Estado Social foi um simulacro, o garantismo poder servir de importante mecanis-*

mo na construção das condições de possibilidades para o resgate das promessas da modernidade.* Não há dúvidas, pois, que a discussão que Da Maia propõe deve encontrar eco na comunidade jurídica. Afinal de contas, somos juristas e, como diz Edward P. Thompson, *o direito importa e é por isso nos importamos com tudo isto.* E muito mais ainda em terra *brasilis*, onde sequer a legalidade formal é cumprida, e onde um dispositivo da Constituição que diz que a saúde é um direito de todos e um dever do Estado, é sistemática e escandalosamente descumprido todos os dias...

Lenio Luiz Streck

Procurador de Justiça - RS
Mestre e Doutor em Direito, Professor
dos Cursos de Mestrado e Doutorado
em Direito da UNISINOS - RS

---

* Permito-me remeter o leitor ao meu *Hermenêutica Jurídica e(m) Crise - Uma exploração Hermenêutica da Construção do Direito.* Porto Alegre: Livraria do Advogado, 1999, pp. 219 e 220.

1. Introdução: o problema do vazio ontológico na observação do fenômeno jurídico

1.1. Ontologia *versus* retórica: tentativas de explicação do fenômeno jurídico

A palavra "ontologia" vem do grego, em que a partícula *On* vem do particípio que significa "o que é", "o ente", dando origem ao termo *ontos*. A indagação inicial, sugerida pela etimologia, busca investigar o que é o ente.[1] Discutir o tema da ontologia jurídica, pois, requer certos esclarecimentos de sentido de emprego do respectivo termo.

Para tanto, há uma incursão pela análise de certos marcos que, a princípio, não seriam rigidamente fixáveis, mas que, em virtude da necessidade de se realizar estudos com bases sólidas, requerem uma estipulação de "tipos ideais"[2] para efetivar tal mister. Tais tipos ideais, por conseguinte, podem não corresponder com total exatidão aos fenômenos da realidade; todavia, são formas de observar os fenômenos a partir de *standards*

---

[1] Cf. GAOS, José: *Introducción a El Ser y El Tiempo de Martin Heidegger.* México: Fondo de Cultura Económica, 1996, p. 19.

[2] Sobre a teoria dos tipos ideais, cf. WEBER, Max: *Economía y Sociedad – Esbozo de una Sociología Compreensiva.* México: Fondo de Cultura Económica, 1996, pp. 7 e 16 s.

que, mesmo não totalmente exatos, são necessários para a tentativa de análise da vida social.

O marco inicial deste estudo está na fixação do debate que cria uma certa semelhança entre a ontologia e a própria filosofia, o que seria uma metonímia,[3] em virtude de a ontologia ser uma espécie do gênero "filosofia".

Por outro lado, como tipos ideais, cria-se a dicotomia entre a ontologia e a retórica,[4] ambos como formas de observação filosófica. A ontologia, que busca a análise do ser, defende a postura de que as formas de conhecimento existentes estão todas concentradas no próprio objeto de análise, buscando a fixação de uma idéia de essência. Portanto, a ontologia não permite a possibilidade de se elencarem perspectivas de abordagens alheias ao ser do analisado.

Por seu turno, o pensamento retórico parte de outro viés, através do qual a possibilidade do conhecimento existe também na necessidade de se agregarem outros elementos que, a princípio, seriam estranhos ao ser do objeto cognoscente, especificamente no que tange à teoria do discurso. Nós, para o desenvolvimento do trabalho, optamos por uma análise do problema da ontologia filosófica no direito, e quais os limites e as vantagens de um pensamento ontológico no direito.

A nossa escolha pelo presente tema se deve à utilização indiscriminada de palavras e, por conseguinte, de formas de pensamento que buscam muito mais legitimar o poder conferido do que criar uma idéia de conteúdo ao conhecimento, e, em especial, ao

---

[3] Em sentido contrário, cf. ABBAGNANO, Nicola: *Dicionário de Filosofia*. São Paulo: Martins Fontes, 1998, pp. 662-663, em que o autor faz uma análise do termo "ontologia" como uma expressão própria da idéia de uma metafísica como saber dos saberes, sendo um fundamento para todas as formas de ser e conhecer. Desenvolveremos tal tema no próximo capítulo.

[4] Para uma análise de tal dicotomia, cf. ADEODATO, João Maurício: *Filosofia do Direito – uma Crítica à Verdade na Ética e na Ciência*. São Paulo: Saraiva, 1996, pp. 8-16.

direito.[5] Observa-se por demais uma série de formas de argumentação que buscam difundir certas idéias como "democráticas", ou "emancipatórias",[6] sem, na verdade, haver uma preocupação com a fixação dos conteúdos de tais expressões. O que mais corrobora a nossa opinião é o fato de que, na maioria das vezes, tais formas de pensar estão sendo utilizadas de maneira distorcida. Tal distorção quase sempre ocorre por parte de quem quer que detenha quaisquer tipos de poder, tais como o político, o religioso, e, em nossa seara, o jurídico, talvez um dos mais relevantes dentro do vasto elenco existente. Em outras palavras: uso da persuasão - dentre outras estratégias - como forma de dominação, sem que haja uma fixação de conteúdo do método utilizado para dominar.[7]

O rol de exemplos é bastante extenso, e, quase sempre, voltados para uma visão sistematizante do direito.[8] Veja-se, por exemplo, o emprego da palavra "democracia" de maneira totalmente descontrolada e no mais das vezes com a intenção de transmitir uma falsa idéia do que venha a ser uma prática de fato democrática; sendo, pois, uma visão distorcida, a fim de se obter quaisquer vantagens com tal forma de convencimento.

Dizer-se democrático sem uma fixação de conteúdo da idéia do que isso significa, por exemplo, faz com que haja uma exacerbação dos elementos subjetivos, a tal ponto que cada qual, ao seu bel-prazer, dentro de seus interesses, diga o que vem a ser democracia. E é exata-

---

[5] Para um aprofundamento da questão da legitimidade político-jurídica, cf. ADEODATO, João Maurício: *O Problema da Legitimidade – no Rastro do Pensamento de Hannah Arendt*. Rio de Janeiro: Forense Universitária, 1989, especialmente nas pp. 53 s.

[6] Cf. o capítulo quarto deste livro.

[7] O que, para Abbagnano, é uma forma de construção retórica. Cf. ABBAGNANO, Nicola: *Dicionário de Filosofia* (n. 3), pp. 856-857.

[8] Sobre as teorias sistêmicas no direito, cf. STAMFORD, Artur: *A Decisão Judicial: Dogmatismo e Empirismo*. Recife: CPGD-UFPE (dissertação de mestrado), 1998, pp. 20-76.

Ontologia Jurídica
O problema de sua fixação teórica

mente nessa fixação aleatória que encontramos um desprezo por quaisquer formas de ontologia.

Percebe-se, então, que nossa concepção de ontologia é um corolário da idéia do ser em si, acrescentando-se as questões relativas ao conteúdo do objeto do conhecimento em análise. Logo, perquirir acerca da ontologia do direito significa a busca da análise de seu conteúdo, independentemente das formas de manifestação do fenômeno jurídico.[9]

Tal vazio ontológico pode trazer conseqüências nefastas às formas do conhecimento, podendo todas ser desvirtuadas dos seus objetivos. Todavia, uma ontologia pode demonstrar, no direito, uma falta de adequação de suas formas de manifestação - a princípio, dogmáticas[10] - ao mundo empírico. Logo, como a realidade social é um dado alheio ao modelo dogmático-estatal de estudo do direito, para uns, e para outros é parte integrante da essência do direito, percebe-se claramente que nem sempre a ontologia e a retórica estão em caminhos distintos, por existir a possibilidade de uma ontologia baseada na tolerância argumentativa no direito, como veremos nas nossas conclusões.

Por outro lado, o apego à ontologia implica tomarmos como inexoráveis pontos de partida previamente estipulados e/ou perceptíveis através de métodos gnoseológicos. Ou seja, determinadas formas de conhecimento nos são passadas na forma de *dados a priori*, que, por possuírem tal natureza, não podem ser contradita-

---

[9] Tal busca de conteúdo a partir de métodos rigorosos de pesquisa está presente em quase todas as obras de Cláudio SOUTO. Cf., do autor, *Ciência e Ética no Direito - uma Alternativa de Modernidade*. Porto Alegre: Fabris, 1992, pp. 75 s. Apesar da necessidade de tais métodos, reconhece Cláudio Souto que essas formas de fixação de conteúdo ainda são muito incipientes na Sociologia do Direito. Cf. tb., sobre as acepções do termo "ontologia", REALE, Miguel: *Filosofia do Direito*. São Paulo: Saraiva, 1994, pp. 30 e 44-45.

[10] Sobre o problema do direito dogmático, cf. FERRAZ JR., Tercio Sampaio: *Introdução ao Estudo do Direito - Técnica, Decisão, Dominação*. São Paulo: Atlas, 1994, pp. 31-51 e 85-93.

dos, e sim tomados como pontos primeiros de referência no estudo de determinado ramo do conhecimento. No direito, por exemplo, o "ontologismo" pode ser muito bem exemplificado a partir do positivismo jurídico e do justanuralismo, ambos formas de tentativa de fixação de uma ontologia, como veremos no capítulo segundo, mas de abordagens epistemológicas distintas.

Alguns autores acentuam que, na filosofia do direito de hoje, não se permite mais uma visão do direito a partir de um viés ontológico, haja vista que tal visão poderia, na verdade, limitar as formas de conhecer o direito, especificamente ignorando o papel da linguagem no direito etc.[11] Todavia, a total falta de apego à ontologia também pode trazer problemas próprios do emprego distorcido, quase sempre consciente, de certas palavras que são cruciais para um entendimento o mais acertado possível do que vem a ser o direito.

Eis a aporia na qual nos encontramos hoje nos estudos da Filosofia do Direito, e que é nosso objeto central de estudo. Para uma análise isenta do tema, decidimos observar como as teorias jurídicas - quer tradicionais, quer críticas - investigam e analisam o fenômeno jurídico, e como suas formas de observação contribuem - ou não - para a fixação de um conteúdo ao direito. Após essa observação das tentativas de fixação de ontologia, faremos nossas críticas e formulações teóricas próprias ao final do trabalho.

Nosso objetivo é, pois, demonstrar como a ontologia jurídica é abordada de maneira distinta pelas diversas teorias existentes, e que a análise ontológica, caso seja realizada nos parâmetros tradicionais, tem pouca contribuição a dar para o aperfeiçoamento da teoria e *praxis* jurídicas. Tal diversidade no tratamento do tema estará estampada nos capítulos 3 e 4, nos quais expore-

---

[11] Cf., como exemplo, ROBLES MORCHÓN, Gregorio: "Introducción" *in* KAUFMANN, Arthur e HASSEMER, Winfried (orgs.): *El Pensamiento Jurídico Contemporáneo*. Madrid: Debate, 1992, pp. 14-17.

mos teorias diametralmente opostas, em tese, mas cada qual buscando uma ontologia própria, como veremos a seguir. Demonstrar-se-á como essas "buscas por uma ontologia" não conseguem lograr êxito em seus objetivos. A partir de então, avizinha-se uma nova forma de observação da ontologia no direito, a partir de uma aproximação com os dados retóricos. Tal ponto de vista será abordado na conclusão do trabalho, haja vista que passa a surgir um novo referencial de racionalidade no direito, que vem sendo estudado por diversos autores, como Luigi Ferrajoli, Aulis Aarnio etc.

1.2. Metodologia adotada

Para a realização de todo e qualquer trabalho, há a necessidade de se fixarem marcos de abordagem que serão utilizados e desenvolvidos. Nossa opção consiste em - no primeiro momento - uma observação sobre o problema da ontologia na filosofia, e as variantes que nos levam a optar por um determinado entendimento do termo. Em seguida, será efetuada a análise de duas formas de teorização do mundo jurídico que, a princípio, parecem antagônicas, mas que, como se verá no desenvolvimento do texto, trazem em si a falta de uma ontologia. Num segundo momento, buscaremos tecer comentários sobre a teoria do garantismo jurídico, estabelecida pelo Prof. Luigi Ferrajoli.

Assim, no terceiro capítulo, faremos uma análise de como os juristas buscavam, através do estudo dos chamados conceitos jurídicos fundamentais, uma ontologia jurídica. Optamos pela análise da célebre e clássica dicotomia entre *direito público versus direito privado*. Esse ponto guarda íntima relação com outra tentativa de essência, como sendo a que espelha o binômio *direito positivo/direito natural*. Tais formas de estudo sempre foram adotadas como paradigmas de didaticidade no ensino da teoria geral do direito.

Todavia, essa investigação epistemológica traz em seu bojo uma série de considerações críticas no sentido de se abolir, ou ao menos minimizar, o respectivo enfoque. Para que se possa aferir a veracidade de tal posicionamento, far-se-á uma investigação sobre o papel das esferas pública e privada na teoria de Hannah Arendt, a partir da análise dos conceitos que compõem a *vita activa*, do livro *A Condição Humana*. Diante disso, teremos o arcabouço teórico suficiente para verificar as mutações da dicotomia público/privado pela história da humanidade, em especial com o surgimento do Estado moderno e seus respectivos pilares, que passaram a caracterizar a modernidade ocidental.[12]

Observaremos como as mudanças no quadro social favoreceram a emergência de critérios legitimadores os mais diversos da prática político-jurídica, tais como a vontade divina, a vontade da maioria etc., e como o espaço público foi se moldando a essas realidades, propiciando o surgimento da esfera social, fundindo os espaços público e privado característicos da análise das esferas da *vita activa*. O que se assemelha com a teoria de Luigi Ferrajoli acerca do ponto-de-vista externo da legitimidade de um sistema jurídico de cunho garantista, como veremos no capítulo quinto. Logo, tal capítulo terá a influência da pensadora alemã no seu desenvolvimento.

Determinado, enfim, o arcabouço teórico de tal capítulo, fixaremos estudo sobre o tema em um ponto do

---

[12] Para uma análise sobre o conceito de modernidade e distinção entre modernidade central e modernidade periférica, cf. NEVES, Marcelo: "Do Pluralismo Jurídico à Miscelânea Social: o Problema da Falta de Identidade da(s) Esfera(s) de Juridicidade na Modernidade Periférica e suas Implicações na América Latina". *Anuário do Mestrado em Direito*, n. 6. Recife: Universitária (UFPE), 1993, pp. 313-357. Tal idéia de modernidade assenta seus pilares na diferenciação das ordens normativas, em que se pode distinguir, por exemplo, o direito da moral e da religião, o que no tempo antigo, dito primitivo, não era observado.

direito dogmático, especificamente no dirigismo contratual, com a ascensão do chamado Estado social.[13] Nesta parte do trabalho, a abordagem será concentrada ao instituto do dirigismo tal como entendido pelo direito civil, em que alguns exemplos serão dados a fim de esclarecimento a respeito de sua incidência no mundo empírico. A partir de então, aliaremos a teoria à *praxis*, demonstrando como o dirigismo pode fundamentar pelo dado empírico a inexistência teórica da distinção entre direito público e privado, restando a sua utilização com um perfil eminentemente acadêmico, especificamente pela didaticidade da referida distinção. Sendo assim, se inexistem dados *a priori* que fundamentem a existência de ramos do direito eminentemente públicos e outros privados, cada qual com seus princípios peculiares, cai por terra a noção de ontologia jurídica a partir de tal dicotomia.

No quarto capítulo, por outro lado, a abordagem estará centrada em um tema totalmente recente na teoria do direito: o chamado direito alternativo. A princípio, traçaremos as bases de uma teoria crítica ao direito dogmático, utilizando, para isso, a teoria da autopoiese social e jurídica abordada por Niklas Luhmann, Gunther Teubner, dentre outros. No entender de alguns, essas teorias não são formas tão críticas assim de análise. A partir de então, a exposição buscará aliar a idéia de um direito alternativo à teoria da autopoiese/alopoiese no direito.

Muito embora haja essa tentativa de se verificar uma ontologia a partir de um viés crítico ao direito oficial, mostraremos as divergências existentes na(s) teoria(s) do direito alternativo, a partir de duas formas

---

[13] Muito embora a concepção do *welfare state* seja consagrada pela Constituição Federal, na verdade o que se verifica é uma inércia cada vez mais acentuada do Estado em tutelar todo o direito, o que cria uma crise (na acepção leiga) do chamado direito dogmático. Maiores detalhes, cf. MAIA, Alexandre da: "O Movimento do Direito Alternativo e sua Influência no Poder Judiciário da Comarca do Recife". *Revista da OAB - Secional de Pernambuco*. Recife: OAB - TS, 1997, pp. 41-62.

de pensar bastante peculiares: uma, que representa a escola do Sul do Brasil, tendo como mentor o Prof. Edmundo Lima de Arruda Junior. Em outro espectro, a análise teórica estará centrada na opinião do Prof. Cláudio Souto acerca do direito alternativo. Como teremos oportunidade de perceber, há críticas fortes a ambas as correntes doutrinárias.

Em função da diversidade doutrinária e da extrema complexidade do mundo social, não há que se falar, pois, em ontologia, haja vista que a constante mudança social também provocaria alterações sensíveis no direito, impedindo a fixação de dados ontológicos. Ocorre que a *praxis* jurídica, a partir do Poder Judiciário, insere no próprio sistema estatal formas "alternativas", não apenas concentradas na prestação jurisdicional, mas também, e principalmente, na efetivação dos atos e dos princípios processuais.

Tal oposição entre formas de pensamento tão distintas tem por finalidade a constatação de que resta sempre frustrada a fixação de uma ontologia jurídica, quer por meios tradicionais, quer por formas ditas "alternativas".

1.3. Por que Luigi Ferrajoli?

O garantismo jurídico, desenvolvido por Luigi Ferrajoli, tem conquistado adeptos em inúmeras partes do mundo, especialmente na Europa. Pela análise de autores europeus e latino-americanos preocupados com o assunto, o garantismo seria uma forma de inserção de conteúdos democráticos no mundo jurídico a partir da mera perspectiva formalista sempre em destaque. Basta observar a busca de monopólio da produção e aplicação do direito por parte das estruturas oficiais de poder.

Fala-se muito do engajamento político da teoria garantista em prol de uma verdadeira democracia.

Como vimos, tal palavra, por si só, pressupõe um manancial de entendimentos manipuláveis. Portanto, nossa investigação busca também analisar tal aspecto do problema.

Ferrajoli possui uma maneira própria, e bastante peculiar, de leitura da realidade jurídica, muito embora sua teoria traga em seu bojo muitas semelhanças com os modelos normativistas tradicionais. Todavia, busca, num dos aspectos próprios da teoria garantista, inserir no mecanismo de produção normativo-estatal um "elemento substancial",[14] que traria em si uma idéia de conteúdo, ou, em outras palavras, uma ontologia até então ausente - porém, questionável - nos debates jurídicos, como se verá da leitura dos capítulos 3 e 4.

Outro dado que reflete a importância do garantismo jurídico é a sua contemporaneidade: trata-se de uma teoria em desenvolvimento, com uma forte raiz no direito penal, mas com um material valioso sobre a teoria geral do garantismo, que nos interessará especificamente no que está estampado em seu livro mais sistematizador do tema.[15]

Todavia, muito embora haja uma movimentação no sentido de que a teoria garantista de Ferrajoli traça uma ontologia jurídica, faremos em nossa exposição um estudo crítico, mostrando suas possibilidades de concretizar uma ontologia jurídica, bem como seus limites e até mesmo sua total falta de fundamento em alguns campos doutrinários a serem discutidos a seu tempo. O que nos levará a uma conclusão peculiar acerca do tema. Muito embora não haja um esgotamento completo dos estu-

---

[14] FERRAJOLI, Luigi: "O Direito como Sistema de Garantias" in OLIVEIRA JUNIOR, José Alcebíades de (org.): *O Novo em Direito e Política*. Porto Alegre: Livraria do Advogado, 1997, pp. 89-109.

[15] FERRAJOLI, Luigi: *Derecho y Razón - Teoría del Garantismo Penal*. Madrid: Trotta, 1998, pp. 851 s. Destaque-se que no Brasil já existem obras que versam sobre a teoria garantista, como a de CADEMARTORI, Sérgio: *Estado de Direito e Legitimidade - uma Abordagem Garantista*. Porto Alegre: Livraria do Advogado, 1999.

dos sobre o garantismo (o que será mais delineado nos estudos de doutorado), este enfoque é bem peculiar, por trabalhar com os conceitos que poderiam ensejar uma ontologia jurídica (ou sua ausência) na teoria garantista.

1.4. Organização formal do presente livro

Em virtude do tema objeto de análise, nossa pesquisa utilizará basicamente dados bibliográficos, não havendo a intenção de realizar estudos de caso para comprovar a possível concretização de uma ontologia jurídica dentro dos matizes a serem expostos. Uma pequena parte de observação da realidade, não atestada por métodos de análise sociológica, está estampada no capítulo quarto, pois a nossa experiência de estágio em escritórios de advocacia no Recife nos dá base suficiente para atestar o que lá está dito.

Adotamos o sistema completo de citações bibliográficas, o que facilita ao leitor a identificação imediata das fontes pesquisadas nas notas de rodapé, sem a necessidade de interromper a leitura para a consulta da fonte na listagem de bibliografia contida ao final do trabalho. Apesar de o sistema autor-data vir sendo bastante utilizado hoje na Academia, preferimos a adoção do sistema completo, pelas facilidades já expostas supra.

Além disso, vale ressaltar que as notas de rodapé não irão se restringir apenas às referências bibliográficas, mas também a certos esclarecimentos complementares que devam ser efetuados, sem que integrem necessariamente o corpo do texto, estando nas notas a título de registro.

Todavia, evitaremos o "vício acadêmico" de reproduzir, em trechos extremamente extensos e na língua original, das palavras contidas nas obras citadas. Tal postura, além de determinar um elitismo dispensável no direito, que tanto o marcou nos tempos idos (e bem

Ontologia Jurídica
O problema de sua fixação teórica

29

idos...) da ditadura militar, quando o estilo e a grandi-loqüência de uma obra e de um autor era medida pela sua "erudição" em citar os originais - assim como as indefectíveis palavras em latim - sem fazer nenhum esboço crítico a respeito do que estava sendo dito. Época na qual o estudo no direito era relevado a segundo plano, e que os "amigos do Rei" se tornavam professores de direito por possuírem tal *status*, e nada mais. Como nossa geração ainda foi, de certo modo, vítima de tais estilos, prefere-se, neste trabalho, minimizar a pompa tão característica do direito em prol de uma forma clara de escrever e de explorar os temas aqui estudados. Afinal, nosso objetivo é poder fazer com que este livro seja compreendido pelos interlocutores, a fim de que possa provocar debates e críticas à tese aqui exposta.

Vale ressaltar que se uma determinada obra for citada mais de uma vez num mesmo capítulo, indicaremos, após o respectivo título, a nota em que se localizam as referências completas. Essa forma de citação tem por escopo abolir o uso das abreviações *Ob. Cit.* ou *Op. Cit.* Há que se atentar também que, caso haja a citação de uma mesma obra em mais de um capítulo, preferimos reproduzir todas as referências na primeira nota do novo capítulo em que conste a citação. A idéia é facilitar ao máximo o leitor no momento de buscar acesso às fontes de pesquisa.

O emprego das aspas neste texto tem por finalidade o destaque dos artigos científicos consultados, bem como destinado a palavras que carreguem um duplo sentido em seu emprego, dando a ele inclusive um caráter jocoso. Os itálicos utilizados destacam, nos dados bibliográficos, os títulos dos livros e das revistas especializadas manuseadas e citadas como fonte da pesquisa; no decorrer do texto, destacarão passagens julgadas importantes para a compreensão das idéias ora esposadas, e as palavras de língua estrangeira porventura mencionadas no decorrer da exposição.

2. O problema da ontologia na filosofia, em especial na filosofia do direito

2.1. Colocações iniciais: metafísica, filosofia e ontologia

A metafísica busca ser a ciência das ciências, ou, usando o termo de Abbagnano, a "ciência primeira".[16] Muito embora haja divergências quanto à aplicabilidade do termo ciência, poderíamos dizer que a metafísica busca ser o fundamento de todo e qualquer modo de conhecer. Logo, seria uma espécie de baliza, de regra retora do saber e, também, do conhecer.

Em virtude das diversas circunstâncias históricas, o saber se divide em diversos campos autônomos, sendo a metafísica a base primeira de todos eles. Parece que há, de certo modo, uma inserção da idéia de validade no saber baseado na metafísica. Todavia, veremos adiante que o termo validade possui uma outra forma de entendimento dentro da seara jurídica e, mais especificamente, do garantismo jurídico. Max Scheler chega a dizer que o aprimoramento dos métodos filosóficos contribuem para a abordagem de questões metafísicas, essen-

---

[16] ABBAGNANO, Nicola: *Dicionário de Filosofia*. São Paulo: Martins Fontes, 1998, p. 660. Em outro entendimento, cf. HEIDEGGER, Martin: *Introdução à Metafísica*. Rio de Janeiro: Tempo Brasileiro, 1987, pp. 33 s.

Ontologia Jurídica
O problema de sua fixação teórica

ciais à filosofia, sendo como uma forma de se perceber uma filosofia primeira, com bases metafísicas.[17] Tais ramos do saber teriam áreas autônomas de investigação, mas, por virem todos da idéia de metafísica, teriam, sempre, um tronco comum a todas elas. Enfim, há um campo de inter-relação entre tais formas de conhecer, o que é, sem dúvida, um corolário da idéia de metafísica na filosofia.

Assim, todas as formas de conhecer buscavam, em síntese, em uma "ciência primeira" todas as causas, todas os princípios basilares das formas de conhecer e os demais problemas que estariam em uma forma comum a todas as ciências. Assim, a metafísica daria a base comum de fundamentação de todas as ciências. No dizer de Abbagnano, seria uma "enciclopédia de ciências".[18] E, claro, tal metafísica também teria por intuito o esclarecimento acerca do objeto das ciências.[19] É exatamente em tal contexto que começam a surgir as preocupações ontológicas.

Há uma variação de entendimento do termo "metafísica" no decorrer da História, muito embora todas elas buscando caracterizá-la como esse fundamento primeiro e comum a todas as ciências, conforme exposto supra. Assim, podemos enquadrar a metafísica em três aspectos: como teologia, como ontologia e como gnoseologia. Miguel Reale busca uma síntese entre essas duas últimas formas de conhecer, no que ele denomina ontognoseologia. Afirma Reale que, na verdade, a busca de uma ontologia tem por finalidade sempre uma atividade de

---

[17] SCHELER, Max: *Visão Filosófica do Mundo*. São Paulo: Perspectiva, 1986, pp. 8 e 14.

[18] ABBAGNANO, Nicola: *Dicionário de Filosofia* (n. 16), p. 661.

[19] Para uma abordagem do problema do conhecimento no direito, cf. TEIXEIRA, João Paulo Allain: "A Caracterização do Objeto da Ciência do Direito e seu Problema Hermenêutico-Decisório". *Revista da ESMAPE*, v. 3, n. 7. Recife: ESMAPE, 1998, pp.405-428, especificamente nas pp. 405-407.

conhecimento, e vice-versa.[20] Aprimoraremos a análise de Reale mais adiante.

A metafísica teológica sempre existe quando se busca a base das ciências em um ente único e perfeito, que impõe formas primeiras que também são perfeitas. Ou seja, o objeto da metafísica seria, em suma, "o ser mais elevado e perfeito".[21] Assim, tal forma de pensamento metafísico ocorre sempre a partir da correlação porventura existente entre uma ciência e um ente. No capítulo terceiro, traçaremos exemplos de tal realidade no direito, quando tratarmos dos problemas do jusnaturalismo.

No que diz respeito à metafísica como teologia, parece que se consubstancia em uma análise dita primitiva do fenômeno do ser e do conhecer. Tal primitivismo não é, em absoluto, um juízo de valor, mas sim uma constatação fática. Tal assertiva tem fundamento na fixação da idéia de modernidade como sendo a possibilidade de distinção entre as diversas formas existentes de produção do conhecimento.[22] No mundo jurídico, o direito - se pudéssemos estabelecer uma ontologia através de um parâmetro estritamente procedimental, seria tanto mais moderno quanto mais distinto ele for dos demais enunciados prescritivos éticos. Já a metafísica como ontologia seria um ponto de observação filosófica mais próprio de nossa análise.

A metafísica ontológica busca a idéia de uma análise última no ser em si, o que, para muitos filósofos, daria a impressão de que estabelecer uma série de objetos de análise por parte de um sujeito configuraria uma ontologia. Todavia, em um viés mais amplo, a ontologia seria uma forma de manifestar os fundamentos do ser, ou

---

[20] REALE, Miguel: *Filosofia do Direito*. São Paulo: Saraiva, 1994, pp. 175-176.

[21] Cf. ABBAGNANO, Nicola: *Dicionário de Filosofia* (n. 16), p. 661.

[22] ADEODATO, João Maurício: *Filosofia do Direito - uma Crítica à Verdade na Ética e na Ciência*. São Paulo: Saraiva, 1996, pp. 08-16. Cf. tb. LUHMANN, Niklas: *Legitimação pelo Procedimento*. Brasília: UnB, 1980, pp. 195-198.

seja, algo que nenhuma ciência pode deixar de ter. Logo, inclui-se aí a idéia de essência do ser, que seria fundamental a toda e qualquer forma de conhecer, havendo, então, uma equivalência entre as idéias de metafísica e de ontologia.

Todavia, há o reconhecimento de que existem modos particulares de ser, muito embora tais formas localizadas sejam uma conseqüência dos meios metafísico-ontológicos mais gerais. O direito possuiria, por seu turno, sua própria ontologia, desde que baseada em princípios mais gerais que serviriam não apenas a ele, mas a todas as formas de ser e conhecer. Existe, pois, para essa forma peculiar de pensamento, uma "necessidade do ser".[23] E, por existir tal necessidade, a idéia de essência seria própria da metafísica. A questão que poderia ser debatida deveria, então, girar em torno da possibilidade ou não de haver mais de um significado à idéia de essência. Todavia, vale ressaltar que tal idéia de essência, mesmo que com um sentido único, não dá à ciência um caráter sublime, como havia na metafísica religiosa; trata-se, apenas, de se estabelecer a explicação das próprias coisas existentes.

A retórica, como vimos na Introdução, busca exatamente trazer aspectos de persuasão para formar às vezes através de uma construção filosófica uma essência mutável, o que é, desde já, questionável, pois o resultado de uma construção retórica não é um dado *a priori*, como os enunciados ontológicos pretendem ser. Como vimos, as fronteiras entre a retórica e a ontologia como "tipos ideais" não são tão rígidas assim, muito embora haja campos autônomos de análise de ambas as formas de pensamento.

Com a separação entre ontologia e teologia, percebe-se que algumas teorias ocupadas com indagações ontológicas se voltam cada vez mais para o mundo

---

[23] ABBAGNANO, Nicola: *Dicionário de Filosofia* (n. 16), p. 663.

empírico, no sentido de que a essência é demonstrada através de uma observação repetitiva e constante da experiência. Desse modo, para alguns, as preocupações ontológicas passam a ser compreendidas como uma forma de conhecimento da essência através do mundo empírico, buscando trazer a ontologia à experiência. Todavia, seu pano de fundo nunca se altera: a busca, a partir de paradigmas epistemológicos os mais diversos, de dados *a priori* que seriam pontos de partida inexoráveis para a determinação da essência ou conteúdo de um determinado objeto - como o direito, por exemplo - a partir de formas específicas de conhecê-lo.

A ontologia, pois, para alguns, seria a própria filosofia, mas, para outros autores, a ontologia seria uma espécie do gênero filosofia, assim como a epistemologia e a axiologia.

No que tange à metafísica, se a entendermos como ontologia, os conceitos são equivalentes, pois toda forma de razão primeira para as demais formas de conhecimento viria da essência do ser. Por outro lado, parece-nos que a ontologia seria uma das formas de abordar a metafísica, pois esta pode ser fundamentada através de outros argumentos que não estão estreitamente vinculados à essência, como no caso de uma metafísica com base na religião, por exemplo.

No ponto relativo à metafísica como gnoseologia, faremos uma análise a partir dos cânones do fenômeno jurídico, mediante a idéia de ontognoseologia, própria do Prof. Miguel Reale.

2.2. A ontologia nas teorias clássicas do direito: a teoria dos objetos na filosofia do direito

A partir da análise do fenômeno ontológico na filosofia geral, buscaremos agora observar como o direito se utilizou, e ainda se utiliza, da noção de ontologia em seus postulados, especialmente no que tange à teoria clássica de abordagem, bastante peculiar e de certa forma uníssona no tratamento do tema.

No entender de Miguel Reale, o ser e o conhecer estão intimamente interligados, são conceitos correlatos. Com efeito, o referido autor estabelece duas formas de acepção do termo "ontologia".[24] Em um sentido amplo, a ontologia seria a forma de determinação do ser, e, de uma maneira mais restrita, a relação do ser com o conhecer, ou seja, ontognoseologia. Em ambas as perspectivas, o autor, com base em Edmund Husserl, trabalha a questão ontológica dentro da teoria husserliana dos objetos, chamadas "ontologias regionais"[25] por Cossio, tão utilizada para caracterizar os fenômenos, especialmente o mundo jurídico. Logo, os objetos que podem ser percebidos e conhecidos na experiência são classificados como *ideais*, *naturais* e *culturais*. Alguns, ainda, incluiriam os objetos *metafísicos*. Muito embora existam críticas a serem feitas a tal forma de ontologia fenomenológica, vale a sua exposição inicial para uma apreciação crítica *a posteriori*.

Por objetos naturais, físicos ou psíquicos, entendem-se aqueles que existem a partir de dados concretos, perceptíveis através de uma observação de fatos e das emoções. Os átomos, por exemplo, seriam objetos naturais físicos; por outro lado, os sentimentos e emoções estariam qualificados como objetos naturais psíquicos. Há quem pense o direito como objeto natural. Pontes de Miranda,[26] por exemplo, afirma que o direito é fruto do fenômeno da vida. Logo, Pontes não restringe o direito ao ser humano, o que leva a crer que pode surgir direito nas plantas, musgos, liquens, planctons etc.

---

[24] REALE, Miguel: *Filosofia do Direito*. (n. 20), pp. 30 e 44-45.

[25] COSSIO, Carlos: *La Teoría Egológica del Derecho y El Concepto Jurídico de Libertad*. Buenos Aires: Abeledo-Perrot, 1964, pp. 54 s.

[26] MIRANDA, [Francisco Cavalcanti] Pontes de: *Sistema de Ciência Positiva do Direito*. Rio de Janeiro: Borsoi, 1972, *passim*.

Já os objetos ideais seriam aqueles que existem pelo fato de serem pensados pela mente humana. Logo, não possuem existência corpórea, nem são percebidos como emoções, mas sim são criados pelo intelecto humano. Uma circunferência, por exemplo, não existe na experiência; apenas se estabelece uma representação gráfica de sua idéia formulada mentalmente. Os números matemáticos não existem além da mente; todavia, a sua utilização se faz fundamental para a compreensão de certos fenômenos físicos e químicos. Como exemplo de tentativa de observação do direito como objeto ideal, o positivismo normativista kelseniano é o mais significativo. Todavia, há divergências doutrinárias a respeito; para alguns, Kelsen não veria a norma como objeto ideal apenas. Porém, a vinculação do direito ao Estado seria uma forma de caracterizar tal direito como um objeto ideal, haja vista que a própria idéia de Estado é em si um produto da mente, em virtude de o Estado ser um ente abstrato, criado para regulamentar o direito e todo o direito. Kelsen, como expoente do normativismo, reduz o direito ao Estado e, conseqüentemente, às normas jurídicas, próprias do intelecto humano.[27]

Por outro lado, os chamados objetos culturais[28] pressupõem a sua verificação empírica, ou seja, perceptível através dos órgãos dos sentidos. Além de ser um dado empírico, há sobre tal objeto uma carga valorativa para a concretização de sua essência. Assim, o direito como objeto cultural poderia ser enquadrado a partir da própria teoria tridimensional do direito, de autoria do Prof. Miguel Reale,[29] bem como a partir da chamada teoria egológica do direito, de Carlos Cossio.

---

[27] Cf. KELSEN, Hans: *Teoria Pura do Direito*. São Paulo: Martins Fontes, 1985, pp. 2-16.

[28] Para um conceito de cultura, cf. REALE, Miguel: *Filosofia do Direito* (n. 20), pp. 240 s.

[29] REALE, Miguel: *Teoria Tridimensional do Direito - Situação Atual*. São Paulo: Saraiva, 1994, pp. 117-128.

Uma análise da teoria tridimensional do direito e da teoria egológica do direito requer um estudo muito mais profundo, o que não é o nosso intuito neste livro. Todavia, vale ressaltar que, pela primeira teoria, o professor Reale observa a realidade jurídica a partir da observação dos fatos sociais e dos respectivos juízos de valor feitos em relação a eles. Por exemplo, a repugnância de certo modo generalizada que existe por certos atos e fatos, como o canibalismo, por exemplo.

Todavia, os elementos fato e valor, apesar de claramente perceptíveis no seio social, ainda não podem trazer conseqüências jurídicas, haja vista que, para tanto, há que existir mais um elemento, eminentemente formal: a norma, mais especificamente a norma jurídica.

Assim, para que um determinado fato/ato seja considerado jurídico, ele deve estar consubstanciado no trinômio *fato/valor/norma*, especificamente a norma jurídica emanada ou tutelada pelo Estado.

Já a teoria egológica cossiana estabelece a conduta como centro do objeto do direito, ao contrário da teoria kelseniana, na qual o direito se resumiria à norma jurídica estatal. A própria teoria da norma jurídica em Cossio estabelece uma disjunção, na qual, ocorrendo a conduta lícita ou a ilícita, houve uma incidência normativa sem hierarquização entre elas (endonorma e perinorma). Já Kelsen estabelece, entre as normas secundária e primária, uma hierarquia, sendo o essencial para o direito a norma primária, e a secundária, um mero artifício lógico para se alcançar o verdadeiro objeto do direito: a norma, advinda do Estado, que prescreve a conduta ilícita e suas conseqüências. Assim, para Cossio, o objeto verdadeiro do direito seria a conduta normatizada, sendo a norma jurídica um mero instrumento formal para moldar e adequar condutas sociais, levando-se ao adágio segundo o qual toda conduta que não está juridicamente proibida, está juridicamente permitida.

2.3. Análise crítica e novas formas de estudo

A forma de estudo da ontologia tal como colocada acima traz uma série de problemas. A divisão das chamadas ontologias regionais, na verdade, é apenas uma forma de demonstrar quais são os tipos de objetos que existem e quais são, dentre eles, os que podem ser conhecidos. Muito embora tal forma de pensar ainda seja muito adotada no ensino de teoria do direito nas faculdades brasileiras, ela, na verdade, nada esclarece. Afirmar que um objeto só pode ser conhecido em virtude do pensamento não traz em si nenhum caráter essencial a ele. Ou seja, o fato de o direito, para uns, ser um objeto natural, ideal ou cultural, não dá a ele, em nenhuma dessas formas, uma essência específica, apenas traça formas de conhecimentos distintos para o direito. Enfim, fica-se apenas no mero campo descritivo-fenomenológico, sem um aprofundamento da idéia de essência e de ontologia.

Claro que é extremamente tentador aos filósofos do direito desavisados efetuarem uma redução dos problemas essenciais do direito a tais categorias, o que, para eles, resolveria o problema da ontologia jurídica. Outros, de maneira distinta, buscam investigar se o direito pode ou não ser enquadrado em tais tipos de objetos, o que é, sem dúvida, uma indagação de maior monta.

Podemos dizer, então, que o estudo ontológico mais cultuado pelo direito é o que menos traça parâmetros para a fixação de uma ontologia jurídica, o que pode ser paradoxal, mas é o que de certo modo ocorre. Descontentes, pois, com essas "ontologias regionais", a preocupação dos filósofos do direito passa a ser traçar novos rumos ao estudo do direito. A tarefa, agora, é buscar a fixação de dados ontológicos sem empregar o termo "ontologia" propriamente dito, mas sim através de outras formas de investigação de problemas jurídicos, como o positivismo jurídico e o justnaturalismo, como já faziam os antigos. A busca de dados *a priori*, assim, existe muito antes da fenomenologia de Husserl, a partir do estudo de problemas clássicos da filosofia, em especial da filosofia do direito.

E é tal análise que buscamos desenvolver no presente livro: tentar mostrar como problemas jurídicos clássicos e atuais buscam, cada qual a seu modo, estabelecer uma ontologia jurídica. Assim sendo, as dicotomias público/privado, direito positivo/direito natural, trabalhadas a seguir, são formas de estudo que tentam se converter em dados ontológicos do direito. Todavia, com os olhos para uma nova forma de perceber a ontologia jurídica, como veremos nas nossas considerações finais. Demonstraremos o que ora defendemos a partir do próximo capítulo.

3. O público e o privado como tentativa de fixação de uma ontologia jurídica

3.1. Linguagem e acepções da palavra "direito"

Pode-se dizer que o mundo ético, do qual se destaca a esfera jurídica, tem por um caráter básico a sua expressão através de signos, da linguagem. O que, em hipótese alguma, é característico de uma ontologia jurídica, tal como ora em análise. Tal linguagem toma para si, dentro de um estudo do positivismo clássico, uma idéia de cristalização de códigos e critérios que, em tese, garantiriam a chamada "plenitude hermética" do ordenamento jurídico estatal.[30] Os trabalhos mais recentes na área da linguagem jurídica têm mostrado uma tendência cada vez mais acentuada em admitir a impossibilidade da observação do fenômeno jurídico através de uma estrutura única de linguagem. Tal tese, como defende Robles Morchón, seria uma forma de se fugir de perspectivas ontológicas no estudo do direito.[31]

---

[30] Muito embora a idéia de linguagem seja mais ampla e divergente da idéia de língua, sendo a primeira a aptidão para a reprodução de uma língua, e a segunda como sinônimo de idioma, em nossa perspectiva.

[31] Cf. nota 11 do presente livro.

Ontologia Jurídica
O problema de sua fixação teórica

Tais estudos indicam que a língua possui em sua natureza uma estrutura *polissêmica*, em que temos várias palavras com um mesmo significado e, no mais das vezes, palavras diferentes que são entendidas como sinônimos.[32] Essa estrutura aberta - que possibilita a existência de diversidade na relação significante-significado nas mais diversas palavras - seria uma marca registrada do discurso jurídico. Tal assertiva, a princípio, iria de encontro às teses positivistas mais exacerbadas, utilizando o argumento de que essa "textura aberta"[33] seria uma forma de admitir decisões que fugissem ao âmbito das fontes formais de produção do direito.

Tal afirmativa é, desde logo, rejeitada por Herbert Hart,[34] que dá ao julgador o poder de, dentre as diversas formas que existem para a decisão de um conflito - formas essas fruto da estrutura aberta - decidir a que mais se adequaria ao caso em análise. Com isso, na tese de Hart, o papel do julgador torna-se indispensável na aplicação do direito de acordo com essa multiplicidade de soluções. Abstraindo-se das possíveis críticas que teorias sociológicas fazem ao que chamariam de uma nova forma de positivismo, este capítulo tem por escopo a análise de um dos estudos mais desenvolvidos pela clássica teoria geral do direito: a distinção entre as noções de direito público e de direito privado como forma de aferição de uma ontologia no direito.

Vale ressaltar a importância do tema abordado no presente capítulo. Com ele, poderemos sopesar o problema da dicotomia público *x* privado em dados de

---

[32] Cf. KOZICKY, Katia: "A Estrutura Aberta da Linguagem do Direito: Vagueza e Ambigüidade". Curitiba: *mimeo*, s/d, bem como WARAT, Luis Alberto: *O Direito e sua Linguagem*. Porto Alegre: Fabris, 1984, pp. 76 s.

[33] A expressão é de HART, Herbert: *O Conceito de Direito*. Lisboa: Fundação Calouste Gulbenkian, 1996, p. 137.

[34] HART, Herbert: *O Conceito de Direito*. (n.33), pp. 155 s.

História e de tópica[35] valiosos no estudo do direito, e, com isso, passaremos por pontos controvertidos não só na teoria, mas também nas práticas hodiernas no que diz respeito à aplicabilidade dos contratos no nosso sistema jurídico, o que nos permitirá uma reflexão atenta sobre as bases pretensamente ontológicas e clássicas da teoria geral do direito e da efetividade do mundo jurídico.

Assim, a primeira parte de nosso livro no presente capítulo consiste em fixar esses pontos de abordagem do problema, para, em seguida, fixarmos a teoria do direito dogmático, com o dirigismo contratual aplicado a essa estrutura eminentemente teórica, permitindo uma investigação rígida desses fenômenos que nos acompanham todos os dias e que às vezes, pelas contingências próprias da vida, não paramos para refletir sobre suas implicações no nosso mundo. E, a partir de então, como poder pensar em uma ontologia diante das diversidades de tratamento da dicotomia citada.

3.2. A dicotomia público x privado na *vita activa* de Hannah Arendt

Analisar as circunstâncias que criaram a distinção entre as esferas pública e privada na antigüidade é uma árdua tarefa, mas o auxílio de Hannah Arendt, nesse aspecto, torna-se fundamental para uma abordagem crítica a respeito. A análise de Arendt, além de detalhada e bem estruturada, fornece um quadro das possíveis mudanças que a sociedade viria a ter depois, com o avançar dos tempos.

O seu estudo, no que tange ao espaço público e ao privado - que criariam a distinção entre direito público e

---

[35] Para um estudo sobre tópica, cf. VIEHWEG, Theodor: *Tópica e Jurisprudência*. Brasília: Departamento de Imprensa Nacional, 1979, pp. 101 s., bem como GARCÍA AMADO, Juan Antonio: *Teorias de la Topica Juridica*. Madrid: Civitas, 1988, pp. 225-241.

privado - é analisada a partir do conceito de *vita activa*, fundamental na obra da autora. Ou seja, toda a atividade do homem corresponde a uma porção da *vita activa*, tornando, pois, a ontologia de Hannah Arendt um estudo da "experiência existencial do homem".[36] Assim, pois, a idéia de natureza é fundamental à obra de Hannah Arendt, mas não apenas ela. Natureza, no seu entender, constitui os meios dados ao homem para a vida, sem nenhuma interferência humana nesse proceder. A *vita activa* seria composta não apenas da natureza, mas também pela idéia de mundo, que aliaria à natureza toda a interferência do homem na transformação do estado bruto da natureza, formando objetos/bens que, em tese, não foram colocados à disposição do homem naturalmente,[37] via de regra produzidos pelo *homo faber* através do *trabalho*, como veremos a seguir. A atividade que forma o mundo insiste em modificar o estado de natureza. É nesse ponto específico, de transformação da natureza para a formação do mundo - ambos os conceitos formadores da condição humana -, é que surge a noção de *vita activa* em Hannah Arendt.

Hannah Arendt nos fornece um conceito de *vita activa* - no capítulo justamente que versa sobre as esferas pública e privada - ao afirmar que se trataria da "vida humana na medida em que se empenha ativamente em fazer algo".[38] Logo, a atividade humana seria o grande pano de fundo da idéia de *vita activa*. Como assevera Adeodato, não se pode resumir a condição humana

---

[36] A expressão é de ADEODATO, João Maurício : *O Problema da Legitimidade - no Rastro do Pensamento de Hannah Arendt*. Rio de Janeiro: Forense Universitária, 1989, p. 113.

[37] A distinção entre "natureza" e "mundo" está esboçada em ARENDT, Hannah: *A Condição Humana*. Rio de Janeiro: Forense Universitária, 1997, p. 10, em que a autora salienta que o mundo é um "artifício humano", e a natureza é "a única capaz de oferecer aos seres humanos um *habitat* no qual eles possam mover-se e respirar sem esforço nem artifício". Fica bem claro que são dois conceitos distintos, em que o mundo seria um sucedâneo da *vita activa*, em suas formas, sobre a natureza.

[38] ARENDT, Hannah: *A Condição Humana* (n. 37), p. 31.

apenas nesse âmbito de atuar. Existe, também, a chamada *vita contemplativa*, que é analisada em outra obra da autora. Na obra ora em análise, diz Adeodato, a autora observa "apenas o lado ativo da condição humana".[39] Assim, a autora desmembra a idéia de *vita activa* conforme as atividades humanas na formação do mundo e transformação da natureza. Chega ela, então, a três esferas de *vita activa*: o labor, o trabalho e a ação.

Ressalte-se que o primeiro problema a ser enfrentado no estudo dessas esferas é trazido por Adeodato, dedicando boa parte de um capítulo de sua obra a dissecar a problemática da tradução desses termos, em especial aos dois primeiros, que trazem complicações na tradução. Escritos originalmente em inglês, os termos *labor*, *work* e *action* são difíceis de serem traduzidos com a fidelidade que requer a matéria. Adeodato prefere traduzir *labor* como "trabalho" e *work* como "produção de objetos".[40] Optamos pelo posicionamento do tradutor para o português de *A Condição Humana*.

É na esfera privada que se encontra o labor na antigüidade, segundo Hannah Arendt. Trata-se de uma atividade eminentemente de subsistência, que tem por escopo a manutenção das condições vitais do homem. Por isso, Hannah Arendt afirma que a condição humana do labor é a vida.[41] O labor, pois, é praticado com o

---

[39] ADEODATO, João Maurício: *O Problema da Legitimidade - no Rastro do Pensamento de Hannah Arendt* (n. 36), p. 114.

[40] ADEODATO, João Maurício: *O Problema da Legitimidade - no Rastro do Pensamento de Hannah Arendt* (n. 36), p. 118. Assim não o faz o tradutor de *A Condição Humana*, empregando os termos labor, trabalho e ação. Cf. FERRAZ JR., Tercio Sampaio: *Introdução ao Estudo do Direito - Técnica, Decisão, Dominação*. São Paulo: Atlas, 1994, pp. 134-138, em que o referido autor utiliza os mesmos termos do tradutor para o português da referida obra de Hannah Arendt. Cf. tb. LAFER, Celso: *Hannah Arendt - Pensamento, Persuasão e Poder*. Rio de Janeiro: Paz e Terra, 1979, pp. 28 s, especificamente na p. 29, em que o autor opta por traduzir *labor* por trabalho, o mesmo entendimento de Adeodato. Sobre a inserção do tema na filosofia, cf. LAFER, Celso: *A Reconstrução dos Direitos Humanos - um Diálogo com o Pensamento de Hannah Arendt*. São Paulo: Companhia das Letras, 1988, pp. 35 s.

[41] ARENDT, Hannah: *A Condição Humana* (n. 37), p. 15.

intuito básico de saciar as necessidades vitais do homem, e os instrumentos utilizados para a realização do labor ou estão no próprio corpo do homem ou são como uma extensão dele, chamado por Tercio Sampaio Ferraz Júnior de atividade ininterrupta de produção de bens de consumo.[42]

É chamado de *animal laborans* o homem que realizava o labor, com atividades produzidas no domínio da casa, onde não havia liberdade. Tal ausência de liberdade é vista sob as óticas interna e externa. A falta de liberdade interna está fundamentada na relação de mando que o *pater familias* detinha sobre os seus dominados, quer filhos e esposa, quer escravos.[43] Ou seja, os que estavam sob o jugo do *pater familias* não tinham liberdade de espécie alguma, muito menos no sentido grego da palavra, que se restringe ao conceito de ação, como veremos mais adiante.

No âmbito externo, não se pode dizer que o *pater familias* detinha liberdade, haja vista que ele não poderia participar na tomada das decisões que iriam definir os rumos da *polis*, pois só o homem livre (o animal político, *politikon zoon*), com outros do seu mesmo *status*, poderia ditar tais determinações. Percebemos, nessa fase do atuar humano, que o labor estava restrito à atividade do setor privado *(privus)* na antigüidade. Posteriormente, verificar-se-á como essas fronteiras se romperam no passar dos tempos, com o surgimento da chamada esfera social.

O trabalho[44] já diferenciava do labor, pois aquele está centrado na produção de bens duráveis, bens estes que não têm a idéia de consumo imediato como os que são fruto do labor,[45] formando a idéia de mundo exami-

---

[42] FERRAZ JR., Tercio Sampaio: *Introdução ao Estudo do Direito - Técnica, Decisão, Dominação* (n. 40), p. 134.

[43] ARENDT, Hannah: *A Condição Humana* (n. 37), p. 36.

[44] Cf. nota 40.

[45] ADEODATO, João Maurício: *O Problema da Legitimidade - no Rastro do Pensamento de Hannah Arendt* (n. 36), p. 119. Tal distinção tem fundamento,

nada acima. O fruto do trabalho se consubstancia em bens de duração, que não se consomem instantaneamente no tempo, adquirindo permanência no mundo, como resultado de uma "relação meio/fim". O objetivo do *homo faber*, aquele que trabalha, é produzir bens não de consumo, mas que tenham uma duração no tempo.

Nesse sentido, pode-se dizer que a *lex*, tomando por base a análise dos antigos, seria fruto do trabalho do legislador, assim como a casa seria fruto do trabalho do que hoje conhecemos como engenheiro, e assim por diante. Trata-se de uma atividade com começo, meio e fim, o que a distingue sobremaneira do labor, que, para a satisfação das necessidades, tinha que ser necessariamente uma atividade ininterrupta, caso contrário poderia haver o risco de desaparecimento da espécie.[46] A posição do trabalho no mundo antigo seria de intermédio entre o público e o privado, mais próximo do público.

Chega-se, finalmente, ao último dos pólos componentes da *vita activa*: a ação. Esta caracterizaria o espaço público por excelência, é praticada pelos homens livres, aqueles que são iguais e que se autogovernam, sem as amarras próprias de quem vive unicamente para prover o sustento. A ação não possui começo, meio e fim: trata-se de uma atividade imprevisível, pois não se sabe ao certo quais serão as conseqüências que hão de advir de sua ocorrência, diferenciando-se, em tal ponto, do trabalho.[47]

---

pois, como a atividade do labor era de subsistência, os bens que são fruto de sua atividade têm por função o consumo imediato por quem o produziu, a fim de saciar suas necessidades básicas.

[46] Note-se que até nesse aspecto a idéia de liberdade não está presente no labor antigo: o homem estaria sempre preso às necessidades de sustento, e vivia para supri-las. Como ele inexoravelmente deve cuidar de seu sustento enquanto ser vivo, não pode sair do âmbito da *oikia* (casa), local de atividade do labor, pois, se assim acontecer, põe-se em xeque a noção de humanidade.

[47] FERRAZ JR. Tercio Sampaio: *Introdução ao Estudo do Direito - Técnica, Decisão, Dominação* (n. 40), p. 23.

Um dado a mais que caracterizaria a ação seria o fato de ser ilimitada, pois seu espaço é o da política, do diálogo, que já estaria inserido em sistemas de diálogo antecedentes, e que formariam um moto contínuo de ações, surgindo, desse modo, espontaneamente. A ação é sempre pensada entre homens, praticada pelo *politikon zoon*, necessitando do fenômeno de interação, o que não permite o isolamento da ação: ela se insere no contexto das demais.[48]

Outra característica da ação seria a irreversibilidade, visto que as idéias de pluralidade e interação advertem que não se podem controlar as conseqüências do desenrolar da ação, até pelo próprio princípio do "moto contínuo", não se pode pensar em ação que, uma vez iniciada, não possa ser concluída por circunstâncias alheias à própria razão. É o exercício político por excelência, "é a única que não pode sequer ser imaginada fora da sociedade dos homens". A esfera pública, na antigüidade, era a esfera da ação por excelência. O espaço público é caracterizado pela liberdade, ou seja, pelo convívio do *cives* entre os seus, também livres, idealizando e pondo em prática a ação na *polis* através do discurso, ou seja, "tudo era decidido mediante palavras e persuasão, e não através da força ou violência". Fica, pois, na seara jurídica, clara a distinção, em tempos antigos, entre *jus* e *lex*, direito e lei, esta sendo fruto do trabalho do legislador, e aquele como o resultado de um moto contínuo da ação humana.[49]

---

[48] ADEODATO, João Maurício: *O Problema da Legitimidade - no Rastro do Pensamento de Hannah Arendt* (n. 36), p. 120.

[49] Sobre essa distinção, cf. FERRAZ JR., Tercio Sampaio: *Introdução ao Estudo do Direito - Técnica, Decisão, Dominação* (n. 40), p. 24. Cf. tb. CASTRO JÚNIOR, Torquato da Silva: *O Direito Natural Aristotélico como Topos Legitimador*. Recife: CPGD/UFPE (dissertação de mestrado), 1995, pp. 38 s., em que o autor traça a visão de um jusnaturalismo que busque resolver problemas concretos, sem o traço sistematizante que sempre marcou o estudo do tema na filosofia do direito.

As esferas pública e privada, pois, possuíam traços nítidos de distinção entre os antigos, mas o advento da modernidade, dentre outras características próprias do nosso tempo, fizeram com que a distinção entre direito público e privado ficasse cada vez mais tênue.

3.3. O público e o privado no avançar dos tempos: as teses jusnaturalistas

A teoria do direito natural nos rumos da filosofia do direito é um grande panorama de abordagem histórica para compreendermos o problema da distinção público x privado nos nossos dias. Tais teorias jusnaturalistas nos permitem uma espécie de "radiografia" da história política ocidental, na qual, conforme os desenvolvimentos de uma determinada tendência de poder, sempre se fez necessária a implantação de um mecanismo legitimador desse poder, com a finalidade precípua de justificá-lo. Nessa nossa observação, faremos ilações com os conceitos arendtianos de labor, trabalho e ação, que servirão de substrato teórico para a explicação do dirigismo contratual.

Inicialmente, o pano de fundo das teses jusnaturalistas está em se pensar uma ordem jurídica que seria superior aos ordenamentos jurídicos positivos, servindo de base de apoio desses direitos. Logo, havendo conflito entre a ordem natural e as ordens positivas, prevaleceria a norma de direito natural, que seria a base do surgimento destas. Além das próprias circunstâncias históricas, as teorias do direito natural, apesar de possuírem esse ponto em comum, na verdade diferem no que venha a ser esse postulado de base dos direitos positivos.[50] Logo, o traço

---

[50] A nomenclatura utilizada na classificação das formas de jusnaturalismo, bem como a sua análise, foi consultada em ADEODATO, João Maurício: "Ética, Jusnaturalismo e Positivismo no Direito". *Anuário dos Cursos de Pós-Graduação em Direito*, n. 7. Recife: Universitária (UFPE), 1995, pp. 199-216.

marcante do jusnaturalismo, assim como do positivismo tradicional, é a busca de um dado que seja o fundamento de todo o direito, sem nenhuma forma de se questionar a verossimilhança desse dado adotado como referencial primeiro para o direito. Em outras palavras, a tentativa de determinação de uma ontologia.

O jusnaturalismo, que surgiu da passagem do enterro de Polínice na tragédia *Antígona*, desenvolveu-se no decorrer da história, tendo como seu primeiro ponto de referência a época do exercício do poder temporal da igreja. É o chamado *jusnaturalismo teológico*, em que o direito superior que seria a base dos ordenamentos positivos seria a vontade divina, imutável para todos os tempos e lugares, com um pequeno detalhe: no jusnaturalismo teológico sempre existe a figura de um órgão oficial que seria o intérprete dos desígnios da divindade, como tal a igreja católica. Assim, o homem, por si só, não podia ser capaz de perceber tal "ordem natural", ficando sempre a mercê dos mandamentos da igreja católica.[51] A ordem pública, pois, se é que a podemos chamar assim, estaria no desígnio de Deus. Como se vê, os desígnios de Deus seriam dados ontológicos, que fundamentariam o jusnaturalismo teológico, semelhante à ontologia de origem divina, acentuada no capítulo anterior.

Posteriormente, com o advento da reforma protestante, os autores tentam elaborar uma nova forma de pensar o jusnaturalismo, rechaçando em parte a tese sustentada pelo jusnaturalismo teológico. Agora, muito embora não se negue a divindade, cada pessoa, se for pura de coração e dotada de razão, seria capaz de perceber os desígnios de Deus. Claro que as idéias de Lutero serviram de um grande pano de fundo para legitimar certas ações do poder, como no caso de Henrique VIII, que criou a igreja anglicana, entre outros

---

[51] Cf. ECO, Umberto: *O Nome da Rosa*. São Paulo-Rio de Janeiro: Record, 1986, em que há uma amostra do poder da igreja na época em questão.

50   *Alexandre da Maia*

motivos, para contrair núpcias que não eram permitidas pela Igreja católica.

Ainda assim, começa a ser questionado o poder de Deus, com a convicção de que ele não seria tão poderoso quanto se pensava anteriormente. Hugo Grotius, um dos maiores mentores intelectuais dessa corrente chamada de *jusnaturalismo antropológico*, é um dos que salienta que o poder de Deus, apesar de supremo, não seria ilimitado, pois, segundo ele, nem Deus poderia modificar o direito natural. Em suas palavras: "...embora seja imenso o poder de Deus, podem-se, contudo, assinalar algumas coisas as quais não alcança...assim, pois, como nem mesmo Deus pode fazer com que dois e dois não sejam quatro, tampouco pode fazer com que o que é intrinsecamente mau não o seja...Por isso, até o próprio Deus se sujeita a ser julgado segundo esta norma...".[52] Como se vê, há uma limitação ao poder da divindade, muito embora não se negue a sua força de mecanismo legitimador da esfera pública.

Com o advento da Revolução Francesa e o surgimento da Era Moderna, afirma Hannah Arendt, começa a ocorrer um fenômeno curioso: a identificação dos conceitos de trabalho e ação, quando esta passa a perder a noção de virtude que lhe era intrínseca, passando a ser observada como uma atividade voltada para a obtenção de fins a partir de determinados meios. Tal fenômeno traz em seu bojo uma crescente aproximação entre *jus* e *lex*, passando o direito a ser visto como sinônimo de norma, adotando uma razão meramente instrumental. O agir político, agora, é visto como um centro produtor de "bens de uso", como ordem, segurança, paz etc. Começa a surgir então a esfera social, autônoma e intermediária entre a pública e a privada, haja vista que o plano social

---

[52] GROTIUS, Hugo: *De Jure de Belli ac Pacis (Del Derecho de la Guerra y de la Paz)*. Madrid: Reus, 1925, vol. I, p. 54 *apud* ADEODATO, João Maurício: "Ética, Jusnaturalismo e Positivismo no Direito" (n. 50), p. 206.

começa a mesclar elementos próprios do mundo privado com os da seara pública.

Pode-se dizer que o social, pois, seria como que uma junção de aspectos da esfera pública e privada.[53] Logo, surge a dicotomia direito individual (privado) *versus* direito coletivo (público), com a idéia de prevalência deste sobre aquele, muito embora ambas as formas de observação sejam sociais. A forma de solucionar tal impasse consiste em criar um ente que envolva ambas as partes da dicotomia social, que funcionará como um catalisador a equilibrar essas forças. Tal ente, fruto do trabalho, é o Estado.

O fundamento de um direito natural dito *democrático*, pois, estaria na vontade da maioria, pois a maioria deteria a legitimidade do poder e seria apta a decidir os conflitos surgidos. Aqui, já se percebe o abandono da divindade como epicentro de um direito natural, em virtude do surgimento da modernidade ocidental, com o Estado moderno e as respectivas diferenciações normativas como paradigmas de modernidade. Tais diferenciações funcionais são bem explicitadas na teoria de Niklas Luhmann, a ser exposta com mais vagar no próximo capítulo. Nos dias de hoje, o que se observa é uma crescente identificação do labor com o trabalho.

A revolução industrial transformou aquele que trabalhava em um operário, numa atividade ininterrupta - característica própria do labor arendtiano. Transpondo tal conceito para a esfera pública, verificamos o Estado como interventor na atividade econômica, um dos pilares do dirigismo contratual, e o direito agora observado como objeto de consumo, ou seja, pouco importa a matéria regulada: o que interessa é a produção em larga escala, por parte do Estado, de normas jurídicas que venham a regular as condutas intersubjetivas relevantes.

---

[53] Cf. ARENDT, Hannah: *A Condição Humana* (n. 37), p. 47 s., quando fala do surgimento da idéia do social, nos moldes tratados supra.

O problema está exatamente na questão da relevância, pois hoje em dia a máquina estatal serve mais para atender aos interesses de grupos setorizados, muito embora utilize um mecanismo de legitimação legal-racional weberiano que, no mais das vezes, é estritamente formal, pois a ilação entre labor e trabalho não permite uma observação de cunho material. A produção em larga escala é o que interessa. E a norma jurídica estatal se torna a mola mestra de tal forma de legitimação como um dado ontológico e inquestionável.

Como o povo parece estar ávido pela normatização, tenta-se resolver a questão através de fórmulas prontas, que não se coadunam com as necessidades sociais, gerando o chamado jusnaturalismo de conteúdo variável como sendo aquele que acompanha as mudanças sociais, e como tal, não paira, no nosso entender, sobre o direito estatal, mas sim caminha lado a lado, dinamizando a estrutura de direitos que não se efetivam pela inércia do Estado.

Como o Estado pretende deter o monopólio produção do direito, ele se encontra em um beco sem saída, pois a regulação formal, quando há, não possui mecanismos de efetivação no mundo empírico, gerando a atuação intensa da sociedade civil com o objetivo de se auto-regular, em função da inércia do Estado na tutela ao mundo da experiência,[54] o que torna a distinção entre direito público e privado desprovida de rigor científico,

---

[54] O que fundamenta a tese da existência de um pluralismo jurídico em sociedades subdesenvolvidas, e as teorias do chamado direito alternativo, bem como a tentativa de explicação por parte da teoria dos sistemas, em especial no que tange à autopoiese do direito moderno. Para um estudo detalhado desses temas, cf. LUHMANN, Niklas: *Legitimação pelo Procedimento*. Brasília, UnB, 1980, pp. 65-69; NEVES, Marcelo: *A Constitucionalização Simbólica*. São Paulo: Acadêmica, 1994, pp. 119 s., como uma crítica à existência de um pluralismo jurídico em sociedades periféricas. Cf. tb. TEUBNER, Günther: *O Direito como Sistema Autopoiético*. Lisboa: Fundação Calouste Gulbenkian, 1993, *passim* e TEUBNER, Günther (org.): *Autopoietic Law: a New Approach to Law and Society*. Berlin-New York: Walter de Gruyter, 1987, *passim*.

pois a produção, por ser em série, pode abarcar tanto uma quanto outra esfera, indistintamente. Caso patente dessa realidade é o dirigismo contratual, ponto a ser analisado com mais vagar.

3.4. Passagem do Estado liberal para o Estado social: reflexos no direito dogmático

Com o advento da Revolução Francesa e a conseqüente consagração dos ideais da burguesia,[55] surge o Estado moderno, como pilar básico da emancipação das ordens normativas, que, a princípio adotou os ideais liberais de então. Era o chamado Estado liberal, que tinha por *modus operandi* a existência do Estado mínimo, que só regularia a estruturação do poder estatal e os limites de seu exercício, que configurariam a esfera pública, entendida como estatal. Tal atuação mínima tinha por escopo a preservação da liberdade individual,[56] permitindo a existência de relações jurídicas quaisquer, desde que não ferissem os interesses e as normas do Estado.

Como o Estado só normatizava de maneira genérica a respeito de sua organização, exercício e limites do seu poder, praticamente os indivíduos, em suas relações entre si, ficavam livres para estipular quaisquer cláusulas e condições em um negócio jurídico. Desse modo, a doutrina do Estado liberal passa a interferir diretamente na teoria dos contratos, surgindo com ele o chamado princípio da autonomia privada e adágios como o *pacta*

---

[55] LÔBO, Paulo Luiz Netto: *O Contrato - Exigências e Concepções Atuais*. São Paulo: Saraiva, 1986, p. 10.

[56] Percebe-se nitidamente a diferença do conceito de liberdade dos antigos para o desenvolvido pela teoria do Estado liberal. Muito embora a liberdade fosse também um dever, no sentido de se respeitar o contrato social, na verdade a teoria serviu de base para que as relações jurídicas entre particulares passassem à margem dos olhos do Estado.

sunt servanda, que estavam totalmente justificados pelo liberalismo então reinante no mundo ocidental.[57]

Problemática surgida no seio do Estado liberal foi o abuso da liberdade pelos particulares. Baseados na idéia de que o contrato seria uma manifestação inequívoca de vontades que deve ser observada a todo custo, começa a ocorrer o fenômeno da exploração do homem pelo homem, devidamente legitimada pelo sistema.

Aliado ao fato da revolução industrial - mais uma vez trazido à tona -, o liberalismo passa a acentuar desigualdades sociais, em que mulheres e crianças trabalhavam sem as mínimas condições de higiene e de vida, nem de respeito à dignidade do ser humano, mas isso não era problema do Estado....se se concorda em trabalhar, em celebrar um contrato, aplica-se cegamente o *pacta sunt servanda*, sem quaisquer restrições, a princípio.[58] Trocando em miúdos, o Estado liberal serviu para acirrar ainda mais a desproporcional distribuição de renda, concentrando mais poder nas mãos dos homens fortes de então, detentores do poder econômico e político.

Com as desigualdades se acirrando, o Estado, através de pressões vindas da sociedade, a partir da criação de movimentos sindicais e a consolidação do chamado direito do trabalho, passa a adotar um novo perfil. A caracterização desse novo perfil se deve a partir da inclusão, nas Cartas Constitucionais, de normas relativas não apenas à organização do Estado, poderes e limites, mas também de uma parte reservada à regulamentação da ordem econômica e social. Isso significa que o Estado não vai mais ser um mero observador das relações jurídicas que sempre o permearam, mudando

---

[57] É justamente no Estado moderno que a teoria do negócio jurídico surge no mundo ocidental. Cf. LÔBO, Paulo Luiz Netto: *O Contrato - Exigências e Concepções Atuais* (n. 55), p. 13.

[58] Cf. ZOLA, Émile: *Germinal*. Rio de Janeiro: Nova Cultural, 1997, em que o autor expõe a realidade do trabalho indigno, porém devidamente justificado pelos detentores do poder, dos mineiros de carvão na França de fins do Séc. XIX. É um retrato fiel do que se transformou o Estado liberal.

Ontologia Jurídica
O problema de sua fixação teórica

sua posição como atuante na normatização e fiscalização dos cumprimento das regras de ordem econômica. Vislumbra-se a interferência do Estado na ordem privada para que não mais se permita a verificação dos excessos praticados num passado não tão distante.[59]

Torna-se claro que os contratos, como manifestações, a princípio, estritamente de direito privado, não estariam fora dessa normatização. Logo, há uma grande limitação ao princípio da autonomia privada, haja vista que, agora, deve haver a observação atenta das normas estatais relativas à elaboração dos contratos, normas essas que antes, em função da existência do Estado liberal, não existiam.

O Estado é chamado a promover o bem-estar, tutelando as relações econômicas para não haver abusos, criando direitos sociais, regulamentando atividades privadas etc. É em tal momento histórico que se começa a falar em dirigismo contratual. Em função dessa normatização excessiva, diria Hannah Arendt, é que não se poderia distinguir de maneira eficaz os planos público e privado, em função da ascensão do modelo social de Estado, e é o que transformaria o direito num objeto de consumo.

Apesar da configuração de um Estado social, não se pode dizer, efetivamente, que ele está alcançando de fato os seus fins. Tal assertiva se sustenta pela cada vez maior impossibilidade de o Estado deter plenamente o monopólio da produção e aplicação do direito. Mais que isso: quase sempre a normatização dos chamados direitos sociais não conseguem chegar a uma concretização efetiva de seus pressupostos,[60] utilizando-se o Estado de

---

[59] Cf. LÔBO, Paulo Luiz Netto: *O Contrato - Exigências e Concepções Atuais* (n. 55), pp. 10-12.

[60] Cf. a análise da teoria de Edmundo Lima de ARRUDA JR., no capítulo que se segue, assim como seu livro *Introdução à Sociologia Jurídica Alternativa (Ensaio sobre o Direito numa Sociedade de Classes)*. São Paulo: Acadêmica, 1993, *passim*.

uma estruturação retórica de que a mera produção legislativa, *de per si*, pode ser eficiente ao efetivo exercício dessa nova geração de direitos constitucionalmente prescritos.

Tal crise institucional é cada vez mais evidente, sobretudo na periferia do capitalismo europeu. O Estado se observa inerte ante os direitos sociais, especialmente com as políticas de privatização, como numa tentativa de se regressar ao Estado mínimo característico do liberalismo. Todavia, não se pode negar a existência, ao menos formal - com uma eficácia cada vez mais acentuada - , de normas jurídicas estatais regulando matérias que eram próprias do mundo privado, quando da experiência do Estado liberal. Todavia, a sua inércia faz gerar a produção de solução de conflitos no seio social, independentemente da atuação estatal, gerando o chamado pluralismo jurídico, a ser estudado com mais vagar no próximo capítulo.

3.5. O dirigismo contratual com o advento do Estado social

Note-se que o dirigismo contratual se verifica através da intervenção do Estado nos contratos, inicialmente buscando efetivar o equilíbrio entre as partes contratantes, criando normas gerais. Posteriormente, o interesse social é trazido à tona, com o estado ditando as regras com o intuito de preservá-lo.

Vemos aí uma clara aplicação da teoria de Hannah Arendt, quando salienta o surgimento da esfera social, fazendo com que certos princípios anteriormente próprios da esfera privada viessem a integrar a seara pública, visto que o social nada mais é do que uma junção deles. O objetivo do dirigismo, pois, é efetuar uma limitação à autonomia privada, haja vista que ela fica tolhida na medida em que certos aspectos da realidade jurídico-contratual já estão preestabelecidos a partir de normas jurídicas estatais.

Como se vê, trata-se sempre da atuação do poder público na atividade econômica limitando a forma de contratar, a liberdade ou não de contratar (o que na época do Estado liberal era impensável), a liberdade de poder ou não escolher a outra parte contratante etc.[61]

Exemplo típico de dirigismo contratual está no seguro obrigatório dos automóveis. Percebam que, neste tipo de contrato, o particular, em primeiro lugar, é obrigado a contratar, ou seja, uma vez adquirido um automóvel, surge a obrigação de contratar, haja vista que o seguro é uma espécie de contrato no nosso direito positivo. Além de o particular ter que contratar, não pode ele, de igual sorte, determinar com qual seguradora contratar: tudo é feito por parte do Departamentos Estaduais de Trânsito (DETRAN's), sem a interferência do particular.

Note-se que também temos o chamado dirigismo privado, que ocorre por parte das empresas de grande porte, que possuem um sistema de normas muito rígido, "concorrendo com o dirigismo público",[62] este praticado eminentemente pelo Estado, no sentido de se criarem limitações cada vez mais rígidas no exercício do poder de contratar.

3.6. Análise crítica

A partir do exemplo do dirigismo contratual, percebe-se claramente que, cada vez mais, a distinção entre as esferas pública e privada, e conseqüentemente, direito público e privado, fica cada vez mais tênue, não dotada

---

[61] LÔBO, Paulo Luiz Netto: *O Contrato - Exigências e Concepções Atuais* (n. 55), p. 27.

[62] LÔBO, Paulo Luiz Netto: *O Contrato - Exigências e Concepções Atuais* (n. 55), p. 28.

de rigor científico em função da interligação entre trabalho e labor, que transforma o direito num objeto de consumo por parte dos que necessitam de normas, eminentemente formais, para que se possa ter a certeza na manutenção do equilíbrio entre as partes que contratam.

Os espaços público e privado na modernidade ficam cada vez mais preenchidos pela idéia de um direito social, patrocinado por um Estado social, que tem a função de zelar pelo bem-estar dos que compõem a sua estrutura, ficando cada vez mais difícil a delimitação das fronteiras, ou seja, onde começa um e termina outro.

Muito embora percebamos a inexistência de rigor na distinção entre direito público e direito privado, e a inautenticidade de uma ontologia calcada em tal dicotomia, note-se que ela traz um aspecto funcional importante: é através da divisão dos ramos do direito positivo que se organiza a justiça brasileira (varas cíveis, criminais etc.), e a manutenção dessa distinção se torna útil para que se facilite a prestação jurisdicional, bem como a estruturação acadêmica dos cursos de bacharelado em direito, que também se mantêm dessa maneira, inclusive na descentralização administrativa das disciplinas jurídicas (departamento de direito civil, constitucional etc.).

Hannah Arendt e as práticas do Estado social nos mostram um quadro em que as instituições estatais, e as particulares no caso do dirigismo privado, atuam no sentido de zelar por um equilíbrio que, na época do Estado liberal, não foi alcançado, muito embora as instituições jurídicas e a doutrina clássica da teoria geral do direito[63] continuem a consagrar dita dicotomia. Vamos ver o desenrolar dessa polêmica, em que as esferas política e jurídica, além de diretamente envolvidas, são fundamentais para a concretização de um direito cada

---

[63] Cf. AFTALIÓN, Enrique e VILANOVA, José: *Introducción al Derecho.* Buenos Aires: Abeledo-Perrot, 1994, pp. 903 s.

vez mais voltado aos anseios sociais, bem como o surgimento de práticas políticas que assim o procedam, dinamizando normas que não têm função alguma se não verificadas no mundo empírico, como quase sempre ocorreu em toda a História do Brasil.

4. Por uma crítica ao direito oficial: um estudo sobre o pluralismo jurídico.

4.1. Bases sistêmicas da teoria crítica do direito: a autopoiese jurídica.

A idéia de uma organização jurídica a partir de determinadas bases do pensamento filosófico não vem apenas de nossos tempos, mas pode-se dizer que as peculiaridades desse modo organizacional conhecidas hoje possuem uma atualidade acentuada no contexto histórico das idéias jurídicas.

Existe, dentro das estruturas de poder, uma necessidade de justificar seus atos perante a esfera social, a fim de que possa haver a concordância dos membros da sociedade civil com as ações públicas.[64] Para tanto, fixam-se critérios de observação e aplicação do direito que sejam considerados *válidos*[65] no local em que tal

---

[64] ADEODATO, João Maurício: *O Problema da Legitimidade - no Rastro do Pensamento de Hannah Arendt*. Rio de Janeiro: Forense Universitária, 1989, especialmente a introdução da obra (pp. 1-15) e o capítulo que versa sobre legitimidade e legitimação (pp. 53 s.), que faz uma análise do normativismo e do legalismo dentro da teoria positivista.

[65] A validade, dentro da teoria positivista, é um pilar importante para a sustentação da idéia de inegabilidade dos pontos de partida, muito embora haja uma série de divergências doutrinárias quanto ao seu conceito. Em verdade, há uma grande confusão entre as idéias de validade, vigência e eficácia da norma jurídica. Para uma distinção entre essas esferas de obser-

exercício de poder está inserido, critérios estes que se destacam pela inexorabilidade, sem se poderem questionar as suas bases de construção e seus pilares ontológicos, tal como almejamos no trabalho. Caracterizada, enfim, está a dogmática jurídica como esta atual forma de organização jurídica e seus instrumentos de incidência - as normas jurídicas estatais - funcionando como um sistema de regulamentação de condutas.[66]

A partir desse entendimento, as estruturas de poder estabeleceram paradigmas básicos de observação da realidade jurídica, sendo um deles a teoria das fontes, formais e materiais, de produção do direito, tendo por base o princípio da ascensão do direito manifestado de maneira escrita pelos órgãos de poder sobre as demais fontes do direito, pouco importando as suas formas de produção.[67] É nesse contexto, aliado à pretensão do monopólio da produção do direito e da *juris dictio* pela estrutura de poder organizada (que vamos chamar de Estado), bem como pela chamada proibição do *non liquet*, que se verifica o chamado direito dogmático

---

vação normativa, cf. FERRAZ JR., Tercio Sampaio: *Introdução ao Estudo do Direito - Técnica, Decisão, Dominação*. São Paulo: Atlas, 1994, *passim*. Sobre a idéia de inegabilidade dos pontos de partida, Cf. FERRAZ JR., Tercio Sampaio: *Função Social da Dogmática Jurídica*. São Paulo: RT, 1980, pp. 95 s.

[66] Para verificar as circunstâncias históricas que construíram as bases do positivismo estatal, baseado na dogmática jurídica, cf. ADEODATO, João Maurício: "Ética, Jusnaturalismo e Positivismo no Direito". *Anuário dos Cursos de Pós-Graduação em Direito*. Recife: Universitária (UFPE), 1995, especialmente as pp. 20-22.

[67] Sobre fontes do direito, cf. ASCENSÃO, José de Oliveira: *O Direito - Introdução e Teoria Geral (Uma Perspectiva Luso-Brasileira)*. Rio de Janeiro: Renovar, 1994, pp. 195 s.; KELSEN, Hans: *Teoria Geral do Direito e do Estado*. São Paulo: Martins Fontes, 1995, pp. 129-136, além de um capítulo sobre jurisprudência nas pp. 165-179. Cf. tb. DINIZ, Maria Helena: *Compêndio de Introdução à Ciência do Direito*. São Paulo: Saraiva, 1995, pp. 255-299. Em outro aspecto, observando os pilares do dogmatismo como um meio de manutenção do discurso da ideologia dominante, que não contribui para a produção de um conhecimento científico, cf. WARAT, Luis Alberto: "O Senso Comum Teórico dos Juristas" *in* SOUSA JR., José Geraldo de (org.): *Introdução Crítica ao Direito (série "O Direito Achado na Rua")*. Brasília: UnB, 1993, pp. 101-104.

estatal, ou seja, alheio às influências de outras formas de organização social não-jurídicas (que denominaremos grosseiramente de subsistemas).[68]

Uma possível forma de ruptura com tal forma de pensar está, de certo modo, representada pelo chamado pluralismo jurídico, para alguns também chamado de direito alternativo. Muito embora tal expressão não tenha gozado de prestígio frente à Academia, há que se reconhecer a necessidade premente de estudos críticos ao direito dogmático, conforme as lições a serem trazidas adiante. A busca, nesta parte do trabalho, está centrada na equiparação entre o fenômeno crítico e uma forma bastante peculiar de pensamento.

Tal forma de estudo de um positivismo, desta vez relacionado a questões sistêmico-funcionais,[69] especificamente ao estudo de subsistemas[70] existentes no sistema social, tem origem na teoria biológica da *autopoiesis*, criada pelos biólogos Maturana e Varela e implantada nas ciências sociais por Niklas Luhmann, professor emérito da Universidade de Bielefeld, recentemente falecido

---

[68] Cf., para um estudo mais aprofundado sobre o tema, FERRAZ JR, Tercio Sampaio: *Introdução ao Estudo do Direito - Técnica, Decisão, Dominação* (n. 65) pp. 85-94, no que diz respeito às características básicas do direito dogmático. Cf. tb. ADEODATO, João Maurício: *Filosofia do Direito - uma Crítica à verdade na Ética e na Ciência*. São Paulo: Saraiva, 1996, pp. 08-16. Sobre a teoria dos sistemas no direito, cf. NEVES, Marcelo: *Teoria da Inconstitucionalidade das Leis*. São Paulo: Saraiva, 1988, pp.1-15 e FERRAZ JR., Tercio Sampaio: *Conceito de Sistema no Direito - uma Investigação Histórica a partir da Obra Jusfilosófica de Emil Lask*. São Paulo: RT, 1976, pp. 123 s.

[69] Para uma análise dos métodos do pensamento nas ciências sociais, dentre os quais o modelo funcional, cf. SOUTO, Cláudio: *O que é Pensar Sociologicamente*. São Paulo: EPU, 1987, pp. 41-51, especificamente sobre o funcionalismo nas pp. 48-49.

[70] Indo de encontro a essa nomenclatura, cf. ARGÜELLO, Katie: "Niklas Luhmann e o Direito: Elementos para uma Crítica à Teoria Sistêmica". *Revista de Direito Alternativo*, n. 3. São Paulo: Acadêmica, 1994, pp.157-176, especificamente na p. 165-166, pois a expressão "subsistema" iria diminuir a importância do direito dentro do sistema social, como se fosse um sistema inferior. Discordamos da autora, pois o termo não tem a finalidade de estabelecer hierarquias, mas sim no sentido de ser derivado de outro sistema que é mais abrangente, como tal o próprio sistema social em que o jurídico se insere.

Ontologia Jurídica
O problema de sua fixação teórica

(1927-1998). E é essa nova forma de se explicar o fenômeno jurídico que traremos a lume no presente capítulo, buscando determinar como a teoria da auto-referência dos subsistemas sociais, e especialmente do direito, pode determinar (e também não fazê-lo) o conteúdo da aplicação normativa na nossa sociedade, quais os reflexos dessa teoria na prática judicial brasileira e qual a contribuição desse paradigma na ontologia jurídica.

O mecanismo de auto-referência está, no dizer de Luhmann, em todos os subsistemas jurídicos da modernidade, como uma forma de estabelecer quais são os fundamentos da decisão tomada pelos órgãos de poder. Veremos de que se trata e qual a relação direta de tal teoria com a realidade jurídica, em especial com o âmbito de investigação por nós adotado. Nossa tese se reflete na lição de João Maurício Adeodato, em que o referido autor questiona a real aplicação da auto-referência jurídica em uma ordem jurídica caracterizada por uma realidade subdesenvolvida.[71] Nesse contexto, buscaremos mostrar como o Poder Judiciário, em função das diferenças de enfoques, vive numa encruzilhada entre os ditames da lei e as práticas processuais do dia-a-dia forense, refletindo estas numa heteroreferência (*alopoiese*) do direito, e, obviamente, quebrando possibilidades ontológicas no direito.

4.1.1. A autopoiese biológica: Maturana e Varela

Os chilenos Humberto Maturana e Francisco Varela buscaram, através da teoria da *autopoiesis*, resolver uma

---

[71] ADEODATO, João Maurício: "A Legitimação pelo Procedimento Juridicamente Organizado - notas à Teoria de Niklas Luhmann". *Revista da Faculdade de Direito de Caruaru*. a. XII, n. 16. Recife: FDC, 1985, pp. 65-92. Cf. tb., do mesmo autor, "Uma teoria (Emancipatória) da Legitimação para Países Subdesenvolvidos". *Anuário do Mestrado em Direito*, n. 5. Recife: Universitária (UFPE), 1992, pp. 207 s.

das questões que mais intrigam o ser humano desde tempos imemoriais: a da vida. Como determinar que certo sistema biológico possa ser considerado um sistema vivo? O que caracteriza um sistema vivo, independentemente das contingências de tempo e espaço que o meio circundante oferece?[72] Para solucionar esse complexo e gigantesco enigma existente na biologia, tais cientistas biológicos propuseram a seguinte idéia: o que caracteriza um sistema vivo - animal ou vegetal - dos demais é a sua *autopoiesis*, ou seja, cada sistema vivo possuiria uma forma de produção própria, fechada, circular e auto-referencial de constituir as relações dos elementos que compõem aquele sistema.

A auto-referência biológica estaria no fato de que a interação entre os próprios elementos componentes do sistema é o que caracterizaria sua própria ordem interna. Não haveria, por conseguinte, elementos externos que pudessem influenciar de maneira direta aquele sistema, pois os seus próprios componentes já bastam *de per si* para que as relações, sempre sistemáticas, se dêem de maneira a caracterizar aquele sistema, agora dito "vivo", distinguindo-o dos demais que lhe são distintos. Tal afirmativa é defendida com tal veemência que os autores defendem que a autopoiese é, em síntese, a "condição última, necessária e suficiente, para a própria vida".[73] Esta ordem, além de auto-referente, é também auto-reprodutiva, pois os elementos dos sistemas vivos são produzidos pelo próprio mecanismo autopoiético de relações.

O organismo vivo também seria dotado, como um corolário da idéia da autopoiese, de um fechamento

---

[72] ANTUNES, José Engrácia: "Prefácio" *in* TEUBNER, Günther: *O Direito como Sistema Autopoiético*. Lisboa: Fundação Calouste Gulbenkian, 1993, pp. II-III.

[73] MATURANA, Humberto e VARELA, Francisco: *Autopoiesis and Cognition - The Realization of the Living*. Boston/Dordrecht: D. Reidel, 1981, p. XVII.

Ontologia Jurídica
O problema de sua fixação teórica

(clausura) organizacional (*organizational closure*), que consistiria na auto-observação sistemática, pois os elementos desse sistema se referem sempre a si mesmos, como um grande conjunto de relações internas, e não aos meios circundantes. Todavia, essa idéia de clausura organizacional traz à luz um posicionamento epistemológico interessante: a afirmativa de que as observações do mundo exterior efetuadas pelos organismos vivos não passam, na verdade, de uma observação de si próprios, pois o fechamento pressupõe a ausência de relação entre observador-observado, visto que o observado seria a visão obtida pelo observador da realidade que o cerca. Logo, o observador não pode realmente explicar o objeto observado, mas tão-somente obter a sua impressão de como o objeto observado lhe parece.[74] Assim, como o ser vivo está fechado em si mesmo, não pode ele interagir com os demais elementos, vivos ou não, pois seriam descrições que o próprio observador faria, a partir de sua própria observação, não conseguindo perceber a essência ontológica do observado,[75] haja vista que cada ser poderia ter uma forma de observação distinta do meio circundante. Em síntese, pode-se dizer que a teoria da autopoiese se resume a três fatores que são característicos desses sistemas: são fechados, circulares e auto-referentes, como já explicado acima.

A autopoiese do sistema biológico deu origem a uma verdadeira avalancha de estudos nas mais diversas áreas do conhecimento. Essa interdisciplinariedade também atingiu a sociologia e o direito, com várias formas de teorização. No presente livro, faremos uma análise da teoria sistêmico-funcional de Niklas Luhmann.

---

[74] Este argumento tem, inegavelmente, uma influência filosófica bastante acentuada, especificamente no que tange à chamada ontologia axiológica, em que se destacam as obras de Max Scheler e Nicolai Hartmann.

[75] MATURANA, Humberto e VARELA, Francisco: *Autopoiesis and Cognition - The Realization of the Living* (n. 73), p. 39.

4.1.2. Autopoiese social de Niklas Luhmann

Como já dito anteriormente, a teoria da autopoiese, antes de cunho exclusivamente biológico, foi incorporada a diversos ramos do pensamento para tentar solucionar investigações epistemológicas.[76] Nas ciências sociais, seu reflexo se deu através da obra de Luhmann,[77] incorporando as idéias de Maturana e Varela para o contexto da sociedade, agora observado por Luhmann, na modernidade, como um sistema complexo, que seria formado por relações auto-referentes entre os seus respectivos componentes.

O homem passa, então, a ser observado como um mero condutor do processo de comunicação, mas não parte integrante do mesmo, já que a autopoiese social se caracteriza por ser um conjunto ordenado e autônomo de comunicações, que, cristalizadas por uma prática em um determinado ponto no tempo, servem de base para produção de novos sistemas comunicativos.

Esse conjunto autopoiético de comunicações, além de criar uma nítida diferença entre a autopoiese biológica e a social, ainda serve para a fixação de um dos paradigmas da idéia de modernidade, através da noção de que, dentro do sistema social, percebemos que começam a surgir códigos peculiares de informação. Em função da complexificação desses códigos é que se começa a perceber a existência de sistemas menores dentro da perspectiva social, o que chamamos de "sub-

---

[76] Uma pequena amostra desses ramos está estampada em ANTUNES, José Engrácia: "Prefácio" (n. 72), pp. I-II.

[77] Verificar, inicialmente, LUHMANN, Niklas: *Legitimação pelo Procedimento*. Brasília: UnB, 1980, pp. 195 s., em que já há menção ao termo "diferenciação funcional" como elemento caracterizador da modernidade ocidental, mas sem usar ainda a expressão "autopoiese". Cf, sobre o tema, GARCÍA AMADO, Juan Antonio: *La Filsosofía del Derecho de Habermas y Luhmann*. Bogotá: Universidad Externado de Colombia, 1997, pp. 103 s. Cf. ainda GUERRA FILHO, Willis Santiago: *Autopoiese do Direito na Sociedade Pós-Moderna - Introdução a uma Teoria Social Sistêmica*. Porto Alegre: Livraria do Advogado, 1997, pp. 63-73.

sistemas", e que alguns autores chamam de subsistemas sociais autopoiéticos de segundo grau.[78] Por conseguinte, tantos subsistemas existirão quantos forem os múltiplos códigos binários de informação que venham a surgir no meio social, o que garante uma certa autonomia desses subsistemas para com o sistema social em observação. Exemplificando, o código binário que informaria a existência do subsistema jurídico seria o "lícito/ilícito"; o econômico, o "ter/não ter"; o político, o código '"poder/não poder", dentre outros,[79] o que influencia diretamente nas noções de cidadania e acesso à justiça como categorias de pensamento que carregam em si uma dose excessiva de emotividade, sem o rigor científico necessário.

Mas o que Luhmann observa é que esta certa autonomia entre os subsistemas não impede a efetivação da autopoiese, mas sim determina a existência de ciclos autopoiéticos dentro dos próprios subsistemas. Nesse entendimento, o direito, assim como os demais subsistemas componentes do sistema social, seria, também, autopoiético, pois os fundamentos e as motivações das decisões emanadas do subsistema jurídico são exclusivamente produzidas no referido subsistema, não havendo, por conseguinte, nessa teoria, uma influência direta dos demais subsistemas frente ao jurídico.

Saliente-se ainda que os sistemas autopoiéticos, biológicos e/ou sociais, seriam dotados de fechamento operacional e abertura cognitiva, sendo a primeira característica aquela que determina as condições necessárias para que se configure a autopoiese, ou seja, que ela ocorra num sistema fechado, sem que haja uma mescla com outros códigos informativos de sistemas diversos. Por exemplo, o corpo humano precisa estar fechado para

---

[78] ANTUNES, José Engrácia: "Prefácio" (n. 72), p. XIII.

[79] Para um estudo sobre a necessidade de decisão de conflitos jurídicos, cf. FERRAZ JR., Tercio Sampaio: *Introdução ao Estudo do Direito - Técnica, Decisão, Dominação* (n. 65), pp. 309 s.

que a reprodução celular ocorra da maneira como está previamente estabelecida em sua organização interna.

Tal perspectiva não afasta a idéia de abertura cognitiva, em que o sistema autopoiético não é fechado por completo, haja vista que recebe influências de demais sistemas sem haver um rompimento com seus próprios códigos autopoiéticos. O fato de o homem respirar, por exemplo, é um tipo de interação com o ar, sistemas distintos, sem que haja um rompimento das respectivas autopoieses. Inclusive tal abertura cognitiva é importante para a manutenção da autopoiese. O problema ocorre exatamente quando a interferência deixa de ser uma simples "abertura", passando a prejudicar a continuação da autopoiese. Tal ação danosa caracterizaria a alopoiese. Percebe-se claramente, utilizando o exemplo dado, que a interferência de uma faca perfurando um tórax humano vivo não contribuiria para a manutenção da autopoiese, como ocorre com o ar respirado. Há, então, uma tentativa de ruptura com a auto-organização e auto-reprodução do sistema.

A alopoiese, pois, no campo das ciências sociais, seria a interferência direta de um subsistema social em outro que é distinto dele, rompendo com a autopoiese. Como exemplo, podemos citar o fato de um oficial de justiça receber uma quantia em dinheiro de advogados para fazer cumprir um mandado com mais destreza, o que será discutido adiante. Todavia, há uma série de críticas à forma luhmanniana de observação do mundo sociojurídico, como veremos.

4.1.3. Críticas ao modelo adotado por Luhmann

O modelo de teoria dos sistemas pensado por Luhmann é criticado por diversas vertentes acadêmicas. A primeira crítica que se faz é exatamente o fato de não especificar *quem fixa o código informativo* do que seja jurídico ou não-jurídico, ou seja, o que é lícito ou ilícito no subsistema jurídico. Tal crítica nos parece acertada, em virtude de a teoria luhmanniana não preencher o eterno vazio epistemológico de teorias que buscam um fundamento de conteúdo ao direito, estudados por nós neste trabalho, mas na verdade estabelecem tão-somente uma nova forma de observação do mundo jurídico, como a teoria do garantismo no Estado Constitucional de Direito, elaborada por Luigi Ferrajoli,[80] teoria que será analisada mais adiante. Ou seja, Luhmann estabelece como um direito autopoiético funcionaria, mas não estabelece quem diz o que é lícito ou ilícito. Caso ele afirme que quem determina o código binário "lícito/ilícito" é o Estado, sua teoria nada mais seria do que uma revisão da teoria pura do direito.

Outro problema está na falta de conteúdo axiológico. Ou seja, é uma teoria que, por buscar reduzir a complexidade social, pode servir a ideais tanto democráticos quanto totalitários. No mesmo problema incorreu Kelsen, quando viu que sua teoria serviu de base ao regime nazista que - paradoxalmente - o perseguia pelo fato de ser ele judeu.

Uma outra forma de crítica à sua teoria é o fato de se demonstrar que a sociologia luhmanniana é monista, assim como a de Kelsen, haja vista que o não selecionado pelo código binário do direito simplesmente não é jurídico. Kelsen traça o mesmo paralelo, mas a partir da ótica estatal, a fim de fixar um critério de segurança jurídica, ou seja, o que não for direito estatal não é direito. O que não for norma jurídica criada a partir dos

---

[80] FERRAJOLI, Luigi: "O Direito como Sistema de Garantias" *in* OLIVEIRA JUNIOR, José Alcebíades de (org.): *O Novo em Direito e Política*. Porto Alegre: Livraria do Advogado, 1997, pp. 89-109, em que o referido autor coloca como fundamento substancial do direito a idéia de direitos fundamentais, sem, no entanto, fixar seu conteúdo, o que pode facilitar a manipulação de sua teoria, contrariamente às idéias do professor, por um discurso competente, todavia antidemocrático, para a obtenção de benefícios particulares e setorizados.

sistemas de derivação existentes no ordenamento jurídico estatal, não é direito. Boaventura de Sousa Santos alerta para essa falha, pois o pluralismo jurídico é um fato, uma vez que há na sociedade formas de solução de conflitos que às vezes existem totalmente alheias à existência do Estado ou à incidência de suas normas,[81] produzindo, sim, relações jurídicas independentes. Como o pluralismo rechaça o monismo, a teoria de Luhmann não explicaria nada.

Como se vê, mais uma vez esbarramos no problema de fixação de essência. Parece-nos que é um ponto por demais crucial na Filosofia do Direito. Como uma outra forma de abordagem do fenômeno, buscaremos observar o problema do chamado direito alternativo e qual a sua importância para a explicação do fenômeno jurídico.

4.2. Alopoiese jurídica entendida como "direito alternativo": arcabouços teóricos

4.2.1. "Instituído" x "instituinte" : a teoria de Edmundo Arruda Jr.

Nosso estudo a respeito do tema ora em análise consiste também em determinar que a chamada "Escola do direito alternativo" confunde-se necessariamente com a idéia de alopoiese social exposta acima. Para isso, faremos uma análise dirigida à especificação da alternatividade jurídica. Para tanto, tomamos como base o referencial de Edmundo Lima de Arruda Junior, a fim de observar a sua teoria a respeito de uma idéia de alternatividade, que mesclaremos com a teoria de Cláudio Souto, até chegarmos a uma idéia própria do objeto de

---

[81] SANTOS, Boaventura de Sousa: *O Discurso e o Poder - Ensaio sobre a Sociologia da Retórica Jurídica*. Porto Alegre: Fabris, 1988, pp. 84 s.

Ontologia Jurídica
O problema de sua fixação teórica

investigação, e qual a importância do tema no que diz respeito à ontologia jurídica.

Para facilitar o entendimento de sua teoria, Arruda Jr. observa o fenômeno jurídico em dois planos: o instituinte e o instituído, em que este seria uma observação jurídica intraestatal, sem haver uma preocupação com os ditos direitos insurgentes, e aquele corresponde a uma constatação do pluralismo jurídico, ou seja, da existência de ordens jurídicas paralelas ao Estado. Dentro dessa investigação há uma subdivisão conceitual, formando-se três planos: o instituído sonegado, o instituído relido e o instituinte negado.

A esfera do instituído sonegado corresponderia à concretização de princípios constitucionais considerados como "conquistas", a fim de se aprimorar a noção de cidadania com a efetivação de direitos considerados fundamentais, tais como o direito à saúde, à educação etc. Em suma, verificação empírica de normas-princípio do ordenamento jurídico estatal, que, de tão genéricas e abstratas que são, não se realizam no mundo dos fatos.

Por instituído relido entende-se uma atividade de hermenêutica mais concatenada à realidade social, em que se buscaria, dentro do sistema jurídico estatal, as soluções de conflitos mais interligados ao mundo empírico, em função da "ruptura do paradigma liberal-legal", observando-se o direito como um sistema complexo, a respeito do que já traçamos comentários anteriores. Note-se que ambas as formas de estudo acima, dentro do plano do instituído, não fogem da seara estatal para que se obtenha uma prática "emancipatória". A crítica que podemos fazer é à inexistência de um "uso alternativo" do direito nessas perspectivas analisadas supra. Já fizemos tal observação acima, em que a interpretação sistematizada de normas jurídicas estatais não é uma forma alternativa de solução de conflitos. Muito pelo contrário: os doutrinadores do direito, em sua grande maioria, já abordam esse tema sem maiores dificuldades de compreensão, não consistindo, portanto, em nenhuma inovação, o que é salientado nas perspectivas do instituído.

O plano do instituinte negado consagra o pluralismo jurídico, no dizer do autor ora analisado. Trata-se de uma busca por direitos não positivados pela ordem estatal, mas verificados empiricamente no seio social, ou seja, direitos eminentemente subjetivos e positivos, mas não tutelados pelo Estado, em que se vê a atuação dos movimentos sociais, já frisada anteriormente.[82] O autor salienta a necessidade cada vez maior de se buscar fazer uma relação entre o direito instituinte e o instituído, para que não se verifiquem incoerências na conquista do instituinte.

Seria, pois, nessa perspectiva, que se perceberia o direito alternativo extra-estatal, um direito eminentemente paralelo ao do Estado, em que não há, no nosso entender, uma necessidade de inserção no ordenamento jurídico estatal, mas apenas, na opinião do referido autor, uma necessidade de inter-relação entre as expectativas analisadas. Logo, um direito alternativo *lato sensu* englobaria as três categorias citadas supra, incluindo o que se chama de "uso alternativo" do direito. Já um sentido mais restrito ao campo da extra-estatalidade só abriria espaços para a existência do instituinte negado. Concordamos com Arruda Jr.: existe um direito à margem do Estado, mas não acreditamos ser só esta a faceta do direito alternativo.

4.2.2. Cláudio Souto e o direito alternativo como desviante da ordem estatal

Cláudio Souto vem pautando seus últimos trabalhos pela observação de que não existe ainda um modelo

---

[82] ARRUDA JR., Edmundo Lima de: "Direito Alternativo no Brasil - Alguns Informes e Balanços Preliminares" *in* ARRUDA JR., Edmundo Lima de (org.): *Lições de Direito Alternativo*, n. 2. São Paulo: Acadêmica, 1992, p. 185.

rigoroso de ciência social que venha a definir, a partir de métodos e técnicas de pesquisa empírica, o verdadeiro conteúdo do direito,[83] visto serem, em sua opinião, bastante vagos os conceitos de direito colocados pelos doutrinadores, afirmando que tais enunciados se prendem unicamente à forma de manifestação do direito, e não ao que realmente é, ou seja, o seu conteúdo, aliado à idéia de preservação da espécie.

Assevera ainda que, em uma época de pós-modernidade científica e tecnológica, não se admite pensar o direito através de um enfoque pré-iluminista, ou seja, o direito como ordenamento jurídico estatal, hermeticamente fechado e não aberto a mudanças.[84] Para Souto, se o direito pretende ser uma ciência, não pode trabalhar com conceitos fechados e não abertos à modificação, visto que o dogma é incompatível com a idéia de ciência, que, em pleno surgimento do Séc. XXI, é pautada pela transitoriedade dos conceitos. A pós-modernidade científica se caracteriza pela mutabilidade e possibilidade plena de questionamento dos conceitos que explicam, no momento, alguns fenômenos da realidade social.

Em artigo recente, o autor busca enquadrar o movimento do direito alternativo à teoria da necessidade de uma cientificidade do direito, por ele defendida. Assim, não se poderia estar adstrito à ciência formal do direito, ou dogmática jurídica, pois o direito estatal, como manifestação jurídica, é mera forma, e não conteúdo da idéia de direito. Logo, para se ter uma noção exata do que vem a ser o direito alternativo, há, na opinião de Souto, uma necessidade de que se tome por base um conceito de direito, não o limitando ao Estado,[85] visto que, se

---

[83] SOUTO, Cláudio: "Por uma Teoria Científico-Social Moderna do Direito". *Anuário do Mestrado em Direito*, n. 5. Recife: Universitária (UFPE), pp. 139-141.

[84] SOUTO, Cláudio: "Ciência do Direito e Filosofia Jurídica no Limiar do Terceiro Milênio: para Além de um Pré-Iluminismo?". *Revista de Direito Alternativo*, n. 2. São Paulo: Acadêmica, 1993, pp. 29-30.

[85] SOUTO, Cláudio: "Direito Alternativo: em Busca de sua Teoria Sociológica". *Revista da Escola Superior da Magistratura do Estado de Pernambuco*, n. 1.

assim não for, não teríamos uma noção de conteúdo do direito e do direito alternativo, reduzindo-os, então, a meras formas, como a estatal e a popular. O autor persegue, através de métodos de pesquisa rigorosos, dados ontológicos, de conteúdo, ao direito.

Souto afirma, com propriedade, que não se pode reduzir o direito alternativo a uma mera forma de manifestação popular, pois tanto o estatal quanto o popular são apenas meios de expressão do direito. Assim, não é só porque a prática é extra-estatal que ela será direito, o que transformaria a idéia de um direito alternativo simplesmente em uma substituição da forma "estatal" pela forma "social", "grupal" como critério de obtenção de justiça. Desse modo, buscar-se-á o direito em quaisquer das suas formas de manifestação, sendo direito aquele sentimento de agradabilidade informado por técnicas rigorosas de pesquisa. A partir desse conceito, direito alternativo seria aquele desviante da forma dogmática de observação do direito

Jamais o direito alternativo, pelo conceito dado, poderia coincidir com a legislação estatal, pois, se assim fosse, iria de encontro à própria etimologia da palavra, que nos dá a noção de um "outro direito", paralelo ao Estado. O direito só seria alternativo pela caracterização de sua semelhança em relação à forma estatal. No dizer do autor "essa idéia de desvio é, de fato, essencial à atividade jurídica".[86] O direito alternativo teria também uma herança do jusnaturalismo, em função da idéia de justiça que pauta a ideologia dos seus doutrinadores. Conclui Souto que, se o chamado direito alternativo quiser ser, de fato, uma prática jurídica, deve pautar pela idéia de semelhança, configurada na cooperação e

---

Recife: ESPAME, 1996, p. 16. Cf. tb., do autor, *Tempo do Direito Alternativo - uma Fundamentação Substantiva*. Porto Alegre: Livraria do Advogado, 1997.

[86] SOUTO, Cláudio: "Direito Alternativo: em Busca de sua Teoria Sociológica" (n. 85), p. 22.

na paz, e não em dessemelhança, que gera o conflito e a competição.[87]

Em nossa opinião a respeito do tema, concordamos com Cláudio Souto quando ele coloca a problemática forma *versus* conteúdo do direito, e que não se pode apenas eleger uma nova forma de legitimação das práticas jurídicas, que seria aquela advinda do mundo empírico, e simplesmente chamar essa alteração de referencial jurídico de "direito alternativo". Lembre-se que as práticas insurgentes da sociedade podem, também, trazer em si uma noção de dominação nociva à comunidade em geral.[88] Ocorre, todavia, que não se deve pensar o direito alternativo como sendo aquele que é fruto do bem e da emancipação dos insurgentes,[89] pois tal noção, amplamente vaga em sua forma, pode englobar conteúdos dos mais diversos e até mesmo incompatíveis entre si, impossibilitando uma determinação ontológica ao direito. Às vezes os autores do direito alternativo realizam verdadeiros discursos políticos em prol dos oprimidos etc., totalmente desprovidos de qualquer ontologia,[90]

---

[87] SOUTO, Cláudio: "Direito Alternativo: em Busca de sua Teoria Sociológica"(n. 85), p. 62.

[88] OLIVEIRA, Luciano: "Ilegalidade e Direito Alternativo: Notas para Evitar Alguns Equívocos". *Ensino Jurídico OAB - Diagnósticos, Perspectivas e Propostas*. Brasília: Conselho Federal da OAB, 1992, p. 197.

[89] Tal idéia está em ADEODATO, João Maurício: "Uma Teoria (Emancipatória) da Legitimação para Países Subdesenvolvidos". (n. 71), p. 240. Este artigo demonstra uma série de influências de fatores externos na produção e aplicação do direito subdesenvolvido.

[90] Como em ANDRADE, Lédio Rosa de: "Processo Social Alternativo" *in* ARRUDA JR., Edmundo Lima de (org.): *Lições de Direito Alternativo*, n. 2. São Paulo: Acadêmica, 1992, pp. 80-81, em que exclama: "O operador jurídico pode continuar atuando nos padrões tradicionais, dizendo-se neutro ou não, atendendo aos interesses dos detentores do poder *ou, avocando uma postura alternativa, transformar-se em um combatente orgânico na defesa dos direitos dos oprimidos*. Trata-se de optar por uma posição, assumi-la e praticá-la". O grifo é nosso. Na mesma perspectiva crítica ao ufanismo, cf. TEIXEIRA, João Paulo Allain: "Alternatividade e Retórica no Direito - para Além do Embate Ideológico". *Revista da OAB - Seccional de Pernambuco*. a. 32, n. 24. Recife: OAB-TS, 1997, pp. 77-92.

mas essa idéia, muito embora bem intencionada, pode ser explorada exatamente em sentido contrário, transformando o que era libertação em escravização social. Assim, a idéia de Cláudio Souto sobre uma alternatividade do bem, da semelhança, pode englobar - em nosso ponto de vista, saliente-se - vários conteúdos distintos e até excludentes.

Além do que, adotando uma postura crítica ao trabalho do autor, *caso percebamos o direito no conceito ora fornecido, não é possível se falar em direito alternativo*, pois as esferas estatal e social seriam meras fontes de surgimento do direito, indo-se buscar, tanto em uma quanto em outra, a sua "essência", que seria justamente o sentimento de agradabilidade informado por técnicas rigorosas de pesquisa. Logo, encontrando nessas esferas o que venha a ser o jurídico, parece bastante claro que *toda a realidade que não se enquadrar nesse sentimento de agradabilidade simplesmente não é direito*. Então, fica precário se falar em um direito alternativo no conceito dado, pois isso faria o autor entrar em contradição com a sua idéia de direito, ou seja, com sua própria ontologia, no nosso entender mal estipulada.

Observaremos o direito alternativo como um procedimento extradogmático, só que ampliando a noção dada, incluindo um antidogmatismo presente nas próprias normas estatais. Para nós, sem dúvida, a existência de um direito extra-estatal é um fato empiricamente comprovável, mas podem ser observadas práticas de um direito alternativo nos próprios órgãos e leis do Estado.[91]

---

[91] ADEODATO, João Maurício: "Filosofia do Direito de Dogmática Jurídica". *Direito em Debate*, v. 1, n. 1. Ijuí: Unijuí, p. 48. SOUSA JR, José Geraldo de: "Movimentos Sociais - Emergência de Novos Sujeitos: O Sujeito Coletivo de Direito" *in* ARRUDA JR, Edmundo Lima de (org.): *Lições de Direito Alternativo*, n. 1. São Paulo: Acadêmica, 1991, pp. 131-142.

4.3. O direito alternativo como alopoiese: procedimentos extradogmáticos

Neste ponto, analisaremos a nossa idéia de alopoiese jurídica, vista como um procedimento extradogmático e equivalendo à noção de alternatividade jurídica, ou seja, à margem dos princípios norteadores da dogmática jurídica, já explicitada supra. Para que se admita uma noção de extradogmatismo, percebe-se que há uma *conditio sine qua non* para a respectiva análise: a impossibilidade de o Estado tutelar as relações jurídico-sociais emergentes, gerando, por conseguinte, a não-identificação do direito com o Estado. Nesse particular, a posição de Cláudio Souto é importante e esclarecedora.

O Estado é apenas uma das formas de manifestação do direito, em que as práticas extradogmáticas, que chamamos de direito alternativo, têm inserção. Pela inércia estatal já explicitada acima, vê-se uma crise de legitimação do poder.[92] Assim, verifica-se que o direito dogmático estatal perdeu progressivamente o contato com a vida social, tornando-se alheio à observação dos fatos.[93] Em virtude de tal hiato, certas situações jurídicas passam a buscar uma legitimação independentemente do aparato estatal, que, por vezes, lhe é contrário, surgindo, então, procedimentos extradogmáticos dentro de uma determinada sociedade. Adeodato coloca que tais procedimentos marcam, de maneira acentuada, o que ele denomina de "direito subdesenvolvido",[94] haja

---

[92] Sobre legitimidade e legitimação, cf. ADEODATO, João Maurício: *O Problema da Legitimidade - no Rastro do Pensamento de Hannah Arendt* (n. 64), pp. 53 s. Sobre a legitimação tradicional, ADEODATO, João Maurício: "Uma Teoria (Emancipatória) da Legitimação para Países Subdesenvolvidos" (n. 71), pp. 210.

[93] ASCENSÃO, José de Oliveira (org.): *Água Branca - Pesquisa de um Direito Vivo*. Recife: Imprensa Universitária, 1978, p. 5.

[94] Sobre o conceito de subdesenvolvimento, cf. ADEODATO, João Maurício: "Uma Teoria (Emancipatória) da legitimação para Países Subdesenvolvidos"(n. 71), pp. 215 ss., em que o autor não nega a origem econômica do termo, e até reconhece que o seu emprego possa ser um uso de estruturação retórica para fundamentar o seu posicionamento.

vista a necessidade de uma decisão de conflitos sociais aliada à inércia do Estado, concluindo-se que, se há a necessidade de decidir, e o Estado não o faz, alguma outra instância normativa terá que gerar uma decisão, posto que, se assim não ocorrer, observar-se-á que grande parte da população "não vive o direito".

Assim, o direito extra-estatal é percebido através de um exame da realidade social, em que se verificam formas organizadas de solução de conflitos fora da observação cada vez mais descontínua do Estado, como no exemplo de um critério para a distribuição de alimentos para os moradores mais antigos de uma comunidade carente por parte da respectiva associação de moradores, em detrimento dos mais novos. Trata-se de um critério extradogmático para evitar a perpetuação de determinado conflito surgido, no caso o da associação de moradores com os habitantes da comunidade. O Estado, como se vê, não tomou partido na relação jurídica travada entre as partes elencadas supra, apenas há uma verificação, neste caso, de um ato jurídico *praeter legem* no que diz respeito ao reflexo dessa prática junto ao meio estatal.

Até o presente momento, observamos a noção de procedimento extradogmático como sendo aquele efetuado à margem do Estado, na qual a *praxis* social, independentemente do auxílio estatal, tenta conquistar e exercer certos direitos e solucionar conflitos existentes em seu meio, ou seja, práticas eminentemente marginais, no sentido de se verificarem fora do âmbito estatal. Buscaremos, agora, caracterizar os procedimentos extradogmáticos que se estabelecem na realidade e estrutura de um Estado subdesenvolvido ou periférico, configurando a alopoiese dos sistemas jurídicos subdesenvolvidos.[95]

---

[95] ADEODATO, João Maurício: "Uma Teoria (Emancipatória) da Legitimação para Países Subdesenvolvidos" (n. 71), p. 239.

O Estado, em uma realidade subdesenvolvida, que se caracteriza pela sua impossibilidade de deter o monopólio da produção do direito, possui uma série de mecanismos paralelos para buscar solucionar os conflitos surgidos. Tais mecanismos paralelos, como procedimentos extradogmáticos que são, por vezes se tornam indispensáveis ao perfeito funcionamento da engrenagem do Estado.

Assim, o Estado, no exercício do seu poder, torna-se eminentemente dependente de subsistemas inseridos no seu meio para alcançar seus fins, legitimando suas decisões. Por vezes, tais práticas são disfunções do sistema, mas que, mesmo assim, são necessárias para o seu funcionamento. Buscaremos exemplificar essa realidade a partir da análise do Poder Judiciário do Estado de Pernambuco. Verificam-se esses procedimentos através da positivação estatal ou da prática corriqueira na atuação dos órgãos estatais.

Um procedimento extradogmático fruto da positivação estatal é aquele que se constitui através das fontes oficiais de produção do direito estatal, muito embora sejam contrários às normas-princípio que regem tal ordenamento jurídico. Um exemplo patente está na obra de João Maurício Adeodato, quando se faz menção a uma lei estadual que cria os cargos de conciliador e de secretário dos Juizados Especiais de Pequenas Causas. Nela se observa que tais cargos, por força do art. 3º da Lei nº 10.293, de 12 de julho de 1989, são de livre nomeação do Presidente do Tribunal de Justiça do Estado de Pernambuco. Ora, pela análise do dispositivo legal, percebe-se que ele, muito embora se verifique na realidade fática, vai de encontro por completo à norma-princípio que reza sobre o provimento de cargos públicos através de concurso.[96]

---

[96] ADEODATO, João Maurício: "Uma Teoria (Emancipatória) da Legitimação para Países Subdesenvolvidos" (n. 71), p. 230.

Práticas extradogmáticas intra-estatais também são observadas na rotina diária do serviço público, através de ações e omissões conscientes de uma estratégia de legitimação imposta a partir de uma prática social.

4.4. Procedimentos extradogmáticos e procedimentos ilegais

Importante agora fazermos uma distinção entre os procedimentos extradogmáticos e os procedimentos ilegais dentro da apreciação do tema, para que, em seguida, façamos o relato dos dados empíricos coletados para este ensaio. Inicialmente, pode-se dizer que, na realidade, ambas as perspectivas se configuram e, por vezes, harmoniosamente, haja vista que a aplicabilidade de uma não acarreta na impossibilidade de verificação da outra. Logo, podem coexistir no mundo empírico, como de fato coexistem, ambos os tipos de procedimentos.

Podemos chamar de procedimentos extradogmáticos intra-estatais aqueles tolerados e, por vezes, instituídos pelo Estado, a fim de buscar a legitimação de suas ações dentro de sua esfera de atuação, utilizando-se de inúmeros arcabouços retóricos para atingir a sua finalidade. São, por assim dizer, práticas que, muito embora contrariem normas e princípios basilares do ordenamento jurídico estatal, verificam-se como sendo *praeter legem*, sem ir de encontro à lei efetivamente. É o caso, por exemplo, de políticas de amizades, em que determinada pessoa, por gozar da simpatia de um funcionário público, obtém privilégios não ilegais, mas não recomendados pelos princípios que são retores da ordem jurídica do Estado, como o de ver seu procedimento administrativo ser solucionado de modo mais célere.

A ilegalidade em torno dos procedimentos está em se violarem diretamente dispositivos de fontes oficiais de produção do direito, como no caso da corrupção,[97] em que se vai de encontro aos dispositivos da lei, que caracteriza, no exemplo ora trazido à baila, tal ato como crime.

Como se vê, em uma mesma realidade podem coexistir procedimentos extradogmáticos e procedimentos realmente ilegais. O importante é que a teoria observa a dependência do Estado em relação a essas práticas de legitimação, pouco importando se são ilegais estritamente ou não. Apenas se verifica que o Estado, no direito subdesenvolvido, depende desses subsistemas caracterizados pelo seu grau de extradogmaticidade intra-estatal, conforme tentaremos verificar através da análise do Poder Judiciário do Estado de Pernambuco.

4.5. Poder Judiciário e alopoiese no foro de Recife

Pelos estudos de teoria geral do processo, sabe-se da existência de dois princípios fundamentais que norteiam todo o direito processual. Trata-se dos princípios do impulso oficial e da breve solução dos litígios, inseridos no direito brasileiro a partir dos arts. 262 e 125, II, do Código de Processo Civil (Lei nº 5.869, de 11 de janeiro de 1973). O primeiro assevera que, uma vez ajuizada qualquer ação, pouco importará a vontade das partes para a composição da lide proposta, pois o Estado, e só ele, tutelará o andamento do processo e as diligências que devem ser efetivadas para que o processo possa estar em constante andamento.

O segundo princípio, pelos estudos realizados, deve andar atrelado ao primeiro, ou seja, os processos serão julgados com maior rapidez e celeridade possíveis, dentro do impulso oficial. Logo, não importa ape-

---

[97] ADEODATO, João Maurício: "Uma Teoria (Emancipatória) da Legitimação para Países Subdesenvolvidos" (n. 81), pp. 234-235.

nas que os atos sejam praticados pelo poder público, mas também que esses atos sejam verificados da maneira mais rápida possível, evitando, assim, a eternização da lide. Tal assertiva nos leva a concluir que a vontade das partes seria irrelevante para a obtenção do impulso oficial e a breve solução dos litígios, isto é, o Estado se encarrega de dar andamento aos processos e de fazê-lo da maneira mais célere, configurando, assim, no mundo dos fatos, a principiologia processual destacada.

Ocorre que, pela observação por nós feita, nem sempre assim se verifica. Melhor dizendo: quase nunca. O fórum vive, todo o dia, com muitos advogados e estagiários de direito numa busca frenética pelos andamentos processuais que interessam a eles. Nos processos em que não cabe a movimentação processual, simplesmente deixam-no ao sabor amargo do impulso oficial, que, em virtude do excesso de processos nas Secretarias e no reduzido número de serventuários, dentre outros motivos mais escusos ou ilegais, torna-se ineficaz e praticamente inexistente. Tanto assim que os processos deixados ao impulso oficial demoram muito mais tempo para ser julgados do que os "impulsionados" pelos advogados e estagiários de direito. Assim, o impulso oficial e a breve solução dos litígios, na realidade observada, andam totalmente desvinculados, o que não se cogita no mundo teórico dos princípios do direito processual.

A discrepância fática entre os princípios que deveriam andar em harmonia por vezes é alcançada por meio da chamada "política das boas relações". Tal "política" é uma praxe no foro de Recife, onde certos processos são instruídos e julgados em função de relações de parentesco e amizade existente entre uma das partes interessadas no processo (advogados, estagiários ou os próprios litigantes) e algum serventuário ou juiz do cartório em que tramita o feito.

Na realidade, o "impulso oficial" é aquele que é dado por quem não o deveria fazer, ou seja, pelos advogados e estagiários, quase sempre envolvidos pelo retorno financeiro que aquele processo pode vir a dar se julgado e instruído com mais rapidez, como nos casos em que os honorários só sejam pagos ao final do processo, que demora anos, levando-se em conta as fases recursais. Assim, para abreviar o tempo em que o advogado respectivo fica sem receber honorários, ele trata de promover a celeridade processual do seu próprio modo, através da sua equipe de estagiários, que têm, na verdade, muito mais a função de agilizar o trâmite dos processos do que propriamente aprender. O aprendizado é relevado a segundo plano, muito embora o estagiário forense consiga obter algum conhecimento a partir do exercício de seu mister, haja vista que a agilização do processo só pode ocorrer se ele souber o trâmite elencado na lei processual respectiva.

Com a sua freqüência diária ao fórum, o estagiário passa a ser conhecido pelos serventuários das unidades de prestação jurisdicional em que tramitam os processos a ser "impulsionados" por ele. A partir dessa relação amistosa com os serventuários, estes não se fazem de rogados em promover as diligências necessárias à agilização dos processos, tais como a expedição de mandados, cartas precatórias, a colocação do processo no expediente do juiz, a fim de ser despachado rapidamente, a designação de audiências em um lapso de tempo mais reduzido etc.

A "política das boas relações" é, no foro de Recife, fundamental para uma breve solução dos litígios. Trata-se de um procedimento extradogmático intra-estatal, que não vai de encontro à lei ordinária, mas sim a princípios de igualdade previstos na Constituição Federal brasileira no *caput* do art. 5º. Assim, se um advogado é amigo de um serventuário, ele obterá as facilidades no seu andamento, como já explicado antes. Tal política não se restringe a procedimentos extradogmáticos intra-estatais.

Existem, também, os procedimentos ilegais, que caracterizam da mesma forma a prática judicial do foro do Recife. Dentre as práticas ilegais, as mais comuns são o "financiamento de diligências" por parte de advogados e oficiais de justiça, a fim de que eles cumpram os mandados dos processos referentes àquele advogado com mais rapidez. Tal prática se faz observar em casos de mandados que envolvam assuntos "urgentes" para o cilente do escritório.

Nesses casos, o estagiário, que já conseguiu a expedição ágil do mandado, leva-o, por vezes pessoalmente, à central de distribuição de mandados (chamada CE-MANDO) para que se escolha um oficial de justiça que esteja disposto a cumprir aquela ordem judicial de maneira célere. Todavia, essas práticas oficialmente não são permitidas, pois os mandados devem ser distribuídos para os oficiais de justiça encarregados do cumprimento de mandados em determinadas localidades do município, e não em outras. Por exemplo, se um mandado deve ser cumprido no bairro de Boa Viagem, existem oficiais de justiça responsáveis unicamente pela realização das diligências em dita localidade, e a distribuição, por conseguinte, deveria necessariamente cair sobre um deles, o que não se efetiva na hipótese dos "mandados urgentes", como já analisado.

Outra prática ilegal no foro de Recife é a distribuição de presentes na época das festividades natalinas, em que os escritórios de advocacia encarregam os seus funcionários e estagiários na distribuição de cestas de natal, caixas de chocolate, vinhos e *whiskies* para aqueles serventuários que ajudaram na agilização processual durante todo o ano que passou. É uma prática bastante comum, perceptível amplamente e até esperada pelos serventuários, que acham isso uma atitude "normal" e aceitam os brindes sem nenhum constrangimento, carac-

Ontologia Jurídica
O problema de sua fixação teórica

terizando uma atitude prescrita na ordem jurídico-positiva estatal como crime, de acordo com a prescrição do art. 333 do Código Penal Brasileiro (Decreto-Lei nº 2.848, de 7 de dezembro de 1940).

4.6. Alopoiese e cidadania

A partir da análise dos dados coletados na pesquisa, podemos concluir que nossa conceituação da alopoiese jurídica, a partir dos estudos aqui apresentados, está no fato de ela se configurar através de um procedimento extradogmático,[98] que pode surgir tanto de uma realidade extra-estatal quanto de práticas intra-estatais, em que se verifica uma diferença substancial com a teoria de Cláudio Souto, que coloca o direito alternativo como sendo sempre desviante da ordem oficial. Por desviante, no sentido técnico, entende-se aquele direito produzido à margem do Estado. No caso em apreço, a alternatividade e o pluralismo ocorrem dentro do sistema oficial.

Buscamos demonstrar aqui a existência de uma alopoiese inserida na esfera estatal, tomando por base a pesquisa relatada acima. Acreditamos ter logrado êxito na exposição de um direito extradogmático (alopoiético), mas arraigado nas estruturas do direito positivo estatal, assegurando que tais procedimentos são de importância capital para a legitimação das decisões de um Estado como o brasileiro, que tem por característica básica o subdesenvolvimento.[99]

No que tange à idéia de cidadania, verifica-se que nos casos concretos cada vez mais a influência de fatores externos ao sistema processual favorecem a manutenção

---

[98] Sobre a noção de procedimento, cf. LUHMANN, Niklas: *Legitimação pelo Procedimento* (n. 77) , pp. 37 s.

[99] ADEODATO, João Maurício: "Uma Teoria (Emancipatória) da Legitimação para Países Subdesenvolvidos" (n. 71), pp. 215 s.

do *status quo* da prestação jurisdicional cada vez mais casuística, em função da influência de subsistemas não-jurídicos no ato necessário da decisão. Em função de tal quadro, o acesso à justiça, entendido como o direito a uma prestação jurisdicional coerente com o que foi produzido nos autos, torna-se prejudicado em função dos próprios pilares do direito dogmático, como a inegabilidade dos pontos de partida, que cada vez mais não se realiza em países subdesenvolvidos, gerando uma série de inconsistências, às vezes e quase sempre intencionais, que caracterizam o Poder Judiciário brasileiro.

Nesse contexto, o termo cidadania se transforma numa palavra sem sentido, pois é manipulada de diversas maneiras, sendo utilizada indevidamente para legitimar as mais diversas formas de argumentação judicial e extrajudicial, como que cobrindo o ato com um manto que o tornaria justificável ante aos olhos da sociedade. É o preço pago pelo formalismo excessivo no trato com o direito, prejudicando-se, inclusive, a tentativa de se perquirir acerca de uma ontologia jurídica, de um *eidos* caracterizador do direito.

Tal assertiva encontra fundamento no referido formalismo, fixando-se juristas e aplicadores do direito em determinar exclusivamente um mecanismo de funcionamento do direito moderno, esquecendo-se da possibilidade de determinação de uma essência no direito, abrindo-se como que um corolário do referido anteriormente, o debate sobre os problemas de segurança *versus* justiça na teoria geral do direito.

Não fizemos, no decorrer da exposição, nenhum juízo de valor acerca do que aqui foi narrado sumariamente, visto não ser este o papel de quem deseja fazer ciência, como ensina Cláudio Souto. Apenas tentamos apontar neste capítulo algumas características de um direito cada vez menos autopoiético, pautado pelo subdesenvolvimento, que não se pode confundir com os discursos ufanistas de alguns teóricos do direito alternativo, que buscam muito mais fundamentar as suas ideologias políticas do que efetivar um discurso científico mais concreto. O que, com certeza, influi negativamente na possibilidade de fixação de uma ontologia jurídica.

Verifica-se, na verdade, um falso dilema, ou seja, pede-se que ocorra na experiência um direito autopoiético, mas a *praxis* procedimental nos mostra cada vez mais um desvio no que diz respeito à aplicação sistemático-autopoiética do direito. Não se pode esquecer que a nossa intenção é, acima de tudo, persistir numa perspectiva investigativo-ontológica da realidade jurídica que nos cerca e que, às vezes, surpreende até o mais atento às suas peculiaridades.

Nessa perspectiva, Ferrajoli busca sedimentar os problemas encontrados na realidade empírica, ora analisados, e a normatização ineficiente do Estado, em função de não garantir de fato os direitos fundamentais, como veremos a seguir. Ou seja, cria-se uma situação na qual existem indivíduos que só possuem o ônus de ser cidadão (pagar impostos, submeter-se a determinados programas estatais etc.), sem usufruir nenhum bônus da idéia de cidadania, completamente vilipendiada e distorcida em países como o Brasil.

Enquanto, de outro lado, cria-se a filosofia do "você sabe com quem está falando?",[100] que é o jargão mais representativo daqueles que se acham superiores e - portanto - imunes ao direito. Qual a resposta que a teoria do direito pode dar a tais evidências? Veremos o que Luigi Ferrajoli tem a oferecer.

---

[100] Vide DAMATTA, Roberto: *Carnavais, Malandros e Heróis - Para uma Sociologia do Dilema Brasileiro*. Rio de Janeiro: Rocco, 1997, pp. 187 s., em que o autor faz uma análise, a partir dessa constatação, da relação entre os conceitos de indivíduo e pessoa no Brasil, por um viés antropológico.

5. O garantismo jurídico de Luigi Ferrajoli: uma introdução

5.1. Por uma teoria geral do garantismo jurídico

O mundo jurídico vive hoje cercado de problemas que configuram uma crise. Em verdade, pode-se até dizer que vivemos crises jurídicas. Uma primeira crise é a mudança de paradigma de observação do fenômeno jurídico, haja vista que não mais se admite a idéia de direito baseada unicamente em parâmetros estatais.[101]

Considerando apenas os parâmetros estatais, especificamente no plano interno, percebe-se uma incapacidade cada vez mais patente de o chamado Estado de Bem-Estar suprir os problemas gerados a partir da inaplicabilidade efetiva de preceitos esboçados como direitos fundamentais, como vimos, em boa parte, no capítulo terceiro.[102] No plano externo, há uma tentativa de imposição de modelos econômicos que buscam romper a noção de território e de mercado, alterando sobre-

---

[101] Este problema foi abordado no capítulo anterior, quando tratamos da questão do pluralismo jurídico. Sobre o tema, cf. SANTOS, Boaventura de Sousa: *O Discurso e o Poder - Ensaio sobre a Sociologia da Retórica Jurídica*. Porto Alegre: Fabris, 1988, pp. 84 s.

[102] Para uma caracterização do problema, cf. ALEXY, Robert: *Teoría de los Derechos Fundamentales*. Madrid: Centro de Estudios Constitucionales, 1997, e HABERMAS, Jürgen: *Problemas de Legitimación en el Capitalismo Tardío*. Buenos Aires: Amorrotu, 1975, ambos *passim*.

Ontologia Jurídica
O problema de sua fixação teórica

maneira a vida jurídico-política do Estado e da sociedade civil.

Apesar de tais constatações, a teoria do direito não consegue dar respostas satisfatórias a esse pano de mudanças estruturais. De um lado, o positivismo, em sua vertente tradicional formalista, não dá vazão aos anseios de produção jurídica extra-estatal, o que é um fato em sociedades eminentemente periféricas.[103] De outro, o sociologismo exacerbado, que não consegue soluções para os problemas colocados, em virtude de se tentar privilegiar o social em detrimento do estatal, incorrendo no mesmo formalismo criticado supra.

Os parâmetros adotados pelo direito dogmático não mais se coadunam com uma possível essência jurídica. A própria noção de direito dogmático resta prejudicada em função do distanciamento com o social. O direito, como fenômeno complexo que é, não pode-se restringir unicamente ao Estado como única forma legítima de produção do fenômeno jurídico. O chamado "monopólio da produção e aplicação do direito pelo Estado" é cada vez mais uma pretensão.[104]

A partir dessa realidade eminentenente complexa de fins-de-século, pode-se dizer que as teorizações têm naufragado num vazio ontológico, sem de dar conta disso, pois, ainda assim, buscam fixar pontos inexoráveis de partida. Todavia, existe uma tentativa de explicação teórica do social e do jurídico sem se prender unicamente aos parâmetros dogmáticos, de um lado, e eminentemente extradogmáticos, de outro. A teoria ga-

---

[103] Sobre a idéia de modernidade central *versus* modernidade periférica, cf. NEVES, Marcelo: "A Crise do Estado: da Modernidade central à Modernidade Periférica - Anotações a partir do Pensamento Filosófico e Sociológico Alemão". *Revista de Direito Alternativo*, n. 3. São Paulo: Acadêmica, 1994, pp. 64-78.

[104] Para uma análise do direito dogmático, cf. FERRAZ JR., Tercio Sampaio: *Função Social da Dogmática Jurídica*. São Paulo: RT, 1980, pp. 95 s. e, do mesmo autor, *Introdução ao Estudo do Direito - Técnica, Decisão, Dominação*. Sao Paulo: Atlas, 1994, pp. 85-94.

rantista, ao nosso ver, muito embora carregada de posições críticas, é importante nesse sentido, haja vista que busca uma essência no social baseada em um caráter eminentemente procedimental, sem se prender às tradicionais formas de observação do fenômeno, que nos parecem superadas.

Luigi Ferrajoli centra sua abordagem partindo do pressuposto que o garantismo surge exatamente pelo descompasso existente entre a normatização estatal e as práticas que deveriam estar fundamentadas nelas. No aspecto penal, destaca o autor que as atuações administrativas e policiais andam em descompasso com os preceitos estabelecidos nas normas jurídicas estatais.[105] Então, a idéia do garantismo é, de um modo geral, a busca de uma melhor adequação dos acontecimentos do mundo empírico às prescrições normativas oficiais. Todavia, seu conceito é mais complexo, como observaremos adiante.

Cria-se, pois, uma divergência entre a normatividade e a efetividade, e o garantismo seria forma de fazer a junção entre elas, muito embora ele tenha como ponto-de-partida a distinção entre ser e dever-ser, que ocorre tanto no plano externo, ou ético-político, como também no plano interno, ou jurídico. Isto posto, há uma necessidade de uma justificação externa do modelo garantista.[106]

Claro que o garantismo teria influência não apenas no campo jurídico, mas também na esfera política, minimizando a violência e ampliando a liberdade, a partir de um arcabouço de normas jurídicas que dá poder ao Estado de punir em troca da "garantia dos direitos dos

---

[105] FERRAJOLI, Luigi: *Derecho y Razón - Teoría del Garantismo Penal*. Madrid: Trotta, 1998, p. 851.

[106] Tal ponto será desenvolvido a seguir. Sobre o problema do ponto de vista externo, como uma busca de legitimação política frente à ordem jurídica interna, cf. FERRAJOLI, Luigi: *Derecho y Razón - Teoría del Garantismo Penal* (n. 105), pp. 853-854.

cidadãos". Ou seja, o sistema seria mais garantista quando conseguisse minimizar a distância existente entre o texto da norma e a sua aplicação ao mundo empírico. O que é uma preocupação própria de muitas outras teorias do direito.

5.2. Acepções do termo "garantismo"

Luigi Ferrajoli, na sua obra *Direito e Razão*, estabelece as bases conceituais e metodológicas do que foi chamado de garantismo penal. Todavia, percebe que os pressupostos estabelecidos na seara penal podem servir de subsídios para uma teoria geral do garantismo, que se aplique, pois, a todo o direito e a seus respectivos ramos (administrativo, civil etc.).

A partir de tal conclusão, Ferrajoli busca estabelecer, nos dois últimos capítulos do referido livro, uma teoria do garantismo a partir das acepções do respectivo termo.

5.2.1. A primeira acepção do termo "garantismo"

Inicialmente, a palavra garantismo, no contexto do trabalho de Ferrajoli, seria um "modelo normativo de direito".[107] Tal modelo normativo se estrutura a partir do princípio da legalidade, que - afirma o Autor - é a base do Estado de Direito.

Tal forma normativa de direito é verificada em três aspectos distintos, mas relacionados. Sob o prisma epistemológico, pressupõe um sistema de poder que possa, já no viés político do termo, reduzir o grau de violência e soerguer a idéia de liberdade - não apenas no âmbito penal, mas em todo o direito.[108]

---

[107] FERRAJOLI, Luigi: *Derecho y Razón - Teoría del Garantismo Penal*. (n. 105), p. 851.

[108] *Idem*.

No aspecto jurídico, percebe-se um dado curioso: o de se criar um sistema de proteção aos direitos dos cidadãos que seria imposto ao Estado. Ou seja, o próprio Estado, que pela dogmática tradicional tem o poder pleno de criar o direito e todo o direito, sofre uma limitação garantista ao seu poder. Assim, mesmo com sua "potestade punitiva", o Estado deve respeitar um elenco sistêmico de garantias que devem por ele ser efetivados. Este é o primeiro passo para a configuração de um verdadeiro Estado Constitucional de direito.

5.2.2. A segunda acepção do termo

Além de ser um modelo normativo de direito entendido nos planos político, jurídico e epistemológico, o garantismo também pressupõe uma teoria que explique os problemas da validade e da efetividade. Sua teoria consiste em buscar aproximar tais elementos, muito embora parta do pressuposto de que são diferentes, visto que pode existir validade sem efetividade e, em um grau inferior de garantismo, efetividade sem validade.

Para ilustrar um exemplo deste último caso, pode-se verificar que certas práticas adotadas por policiais não são dotadas de validade, como no caso de uma confissão obtida por meios não permitidos pelo Estado, como a tortura. Então, observando-se o sistema jurídico de modo tradicional, não-garantista, verifica-se que os graus de garantismo podem variar conforme o compasso (ou o descompasso) que vai existir entre a normatividade e a efetividade do direito.

Logo, como o garantismo não pode ser medido apenas por um referencial, Ferrajoli fala em graus de garantismo, pois ele seria maior se observássemos apenas as normas estatais vigentes sobre os direitos sociais em um país como o Brasil. Todavia, se o ponto de observação for o de sua aplicabilidade, o grau de garantismo diminui. Percebe-se, então, que o grau de garantismo depende do ponto de partida de observação do analisador.

Ocorre, todavia, que tal determinação apriorística da distinção entre normatividade e efetividade não tem por escopo, diz Ferrajoli, determinar certezas absolutas e/ou dados inquestionáveis, tais como a unidade e a coerência de um ordenamento jurídico estatal, trabalhados assim de modo tradicional. Ferrajoli quer o questionamento, a dúvida, a capacidade de poder perquirir, mesmo a partir do referencial estatal, acerca da validade das leis e de suas possibilidades de aplicação ao mundo empírico. Reconhecendo os problemas de sua própria teoria da validade e da vigência, afirma o autor serem tipos ideais de legitimação de suas próprias bases.[109] Todavia, mesmo sendo reconhecidamente tipos ideais, há que se determinar a sua visão de validade e vigência como a possibilidade de verificação de um garantismo no direito.

O garantismo seria, no entender de Ferrajoli, uma forma de direito que se preocupa com aspectos formais e substanciais que devem sempre existir para que o direito seja válido. Essa junção de aspectos formais e substanciais teria a função de resgatar a possibilidade de se garantir, efetivamente, aos sujeitos de direito, todos os direitos fundamentais existentes. É como se a categoria dos direitos fundamentais fosse um dado ontológico para que se pudesse aferir a existência ou não de um direito; em outras palavras, se uma norma é ou não válida. Tal noção de validade será debatida mais adiante.

5.2.3. O ponto de vista externo de legitimidade

O terceiro entendimento ou acepção que o termo "garantismo" pode estabelecer é o de uma busca de

---

[109] FERRAJOLI, Luigi: *Derecho y Razón - Teoría del Garantismo Penal* (n. 105), p. 853.

justificativa externa dos parâmetros garantistas adotados internamente pelos Estados. Assim, Ferrajoli determina que a legitimidade dos comandos e práticas garantistas são de cunho "ético-político";[110] externos, portanto, ao sistema interno, propriamente jurídico no pensamento do autor (ou, como afirma em seu livro, a distinção entre o ser e o dever-ser *no* direito, de cunho político, em relação ao mundo do ser e dever-ser *do* direito, próprios do âmbito interno de observação). Diz Ferrajoli que tais elementos políticos são as bases fundamentais para o surgimento dos comandos jurídicos do Estado. Seriam, pois, bases metajurídicas, algo como uma "metafísica jurídica", de acordo com os dados de metafísicas estudados anteriormente.

Como se vê, há uma tentativa de, dentro do normativismo, ampliar o leque de possibilidades para a garantia efetiva de direitos, fazendo da norma estatal um ponto de partida (logo, uma ontologia) para a observação de sua adequação ou não à realidade social. Ferrajoli, em sua concepção de garantismo, ainda trata da idéia de validade como uma outra forma de observação do garantismo.

5.3. A idéia de validade e vigência no direito: elementos formal e substancial do garantismo

A teoria do Prof. Ferrajoli centra-se, neste segundo plano de garantismo, em trazer ao espectro jurídico uma nova forma de observação do fenômeno, ao afirmar a existência de aspectos formais e substanciais no mundo jurídico, sendo o aspecto substancial, ao seu ver, algo novo e que deve ser observado na formação das constituições e respectivos ordenamentos jurídicos.

---

[110] FERRAJOLI, Luigi: *Derecho y Razón - Teoría del Garantismo Penal* (n. 105), p. 854.

O aspecto formal do direito - diz Ferrajoli - está no procedimento prévio existente, que funciona como pressuposto de legitimidade do surgimento de uma nova norma estatal. Ou seja, uma norma só será válida e legítima se for composta de acordo com os procedimentos formais traçados previamente pelo ordenamento jurídico. Até então, a idéia de validade colocada pelo Prof. Ferrajoli traz muita similitude com a teoria pura do direito.

Para Kelsen, a validade de uma norma está em uma outra norma, que lhe é anterior no tempo e superior hierarquicamente, que traçaria as diretrizes formais para que tal norma seja válida. Logo, para Kelsen, existe um mecanismo de derivação entre as normas jurídicas, dentro de uma idéia de supra e infra-ordenação entre as espécies normativas.[111]

Mas Ferrajoli acrescenta um novo elemento ao conceito de validade. Para ele, uma norma será válida não apenas pelo seu enquadramento formal às normas do ordenamento jurídico que lhe são anteriores e configuram um pressuposto para a sua verificação.

A tal procedimento de validade, eminentemente formalista, acrescenta um dado que constitui exatamente o elemento substancial do universo jurídico. Neste sentido, a validade traz em si também elementos de conteúdo, materiais, como fundamento da norma. Esses elementos seriam os direitos fundamentais.[112] Essa idéia resgata uma perspectiva de inserir valores materialmente estabelecidos no seio do ordenamento jurídico, fazendo um resgate da "ética material dos valores" de

---

[111] Cf. KELSEN, Hans: *Teoria Pura do Direito*. São Paulo: Martins Fontes, 1985, pp. 205 s., e, especialmente, para verificar a "estrutura escalonada" da ordem jurídica, 240 s.

[112] Cf. FERRAJOLI, Luigi: *Derecho y Razón - Teoría del Garantismo Penal* (n. 105), pp. 851 s. Cf. tb. FERRAJOLI, Luigi: "O Direito como Sistema de Garantias" *in* OLIVEIRA JR., José Alcebíades de (org): *O Novo em Direito e Política*. Porto Alegre: Livraria do Advogado, 1997, pp. 89-109.

Max Scheler.[113] Ferrajoli afirma que o conceito de validade em Kelsen, por conseguinte, é equivocado, pois uma norma seria inválida se não estivesse de acordo com os direitos fundamentais elencados na Constituição. Assim, caso uma norma ingresse no ordenamento jurídico a partir do esquema formal de Kelsen - utilizado a reboque por Ferrajoli, configurando o conceito de vigência - e não estivesse de acordo com as normas que consagram os direitos fundamentais, tal norma seria inválida, em função de não estar de acordo com a racionalidade material, pressuposto indispensável de validade das normas jurídicas. Em decorrência, afirma Ferrajoli que o conceito de validade em Kelsen se confunde, equivocadamente, com o de vigência.[114]

Há divergências doutrinárias no que tange à teoria pura do direito. Para alguns, ela estabelece a relação direta da nova norma jurídica estatal com as normas jurídicas preexistentes, dentre as quais a Constituição; assim, se a validade pressupõe a perfeita adequação da norma jurídica ao sistema estatal no qual ela se insere, obviamente ela deve se enquadrar também ao conteúdo dessas prescrições normativas, e os direitos fundamentais seriam, também, uma limitação de conteúdo, dentre outras, às novas normas jurídicas. Todavia, outros afirmam que Kelsen só pretende que a nova norma estatal tenha sido criada pelas autoridades competentes e de acordo com o procedimento prévio e formal de elaboração normativa, sem se preocupar com questões de conteúdo das normas elaboradas. Ferrajoli é partidário da segunda opinião.

---

[113] Cf. SCHELER, Max: *Ética - Nuevo Ensayo de Fundamentación de un Materialismo Ético*. Buenos Aires: Revista de Occidente Argentina, 1948, t.1, pp. 159-216. Cf. tb. o *site* , que trata da vida e obra do filósofo alemão citado.

[114] FERRAJOLI, Luigi: "O Direito como Sistema de Garantias" (n. 112), pp. 95-97.

Em função desses conceitos de validade e vigência, Ferrajoli traz uma outra idéia que é útil para impor coerência a sua teoria: uma norma vigente, todavia não dotada do caráter da validade (eminentemente material), estaria expurgada do ordenamento jurídico, revogada - no sentido amplo do termo - em função de sua incompatibilidade não com as diretrizes formais de seu surgimento, mas com a materialidade dos direitos fundamentais, que se formariam através de um processo histórico, que continua em seu devir, conquistado através da experiência, não dotados de uma ontologia, por palavras próprias do professor,[115] em virtude de os direitos fundamentais serem construídos através dos tempos.

5.4. O vazio ontológico: riscos e possibilidades de um garantismo jurídico

Apesar de uma teoria firmemente comprometida com ideais democráticos, há que ser feita a seguinte pergunta ao Prof. Ferrajoli: como fixar um conteúdo ao que seja um direito fundamental? Tal pergunta, como vimos acima, é respondida utilizando-se os princípios de secularização cultural que formariam os direitos fundamentais. Parece óbvio que isso não responde à pergunta.

O Prof. Cláudio Souto, da Universidade Federal de Pernambuco, coloca este problema na teoria sociológica do direito com muita lucidez, o que é, sem dúvida, um grande desafio aos teóricos, sociólogos e filósofos do direito.[116] A tentativa do Prof. Ferrajoli de dar um conteúdo ao universo jurídico também esbarra no for-

---

[115] Cf. nota 112, supra.

[116] Cf. SOUTO, Cláudio: *Ciência e Ética no Direito - uma Alternativa de Modernidade*. Porto Alegre: Fabris, 1992, pp. 75 s.

malismo, exatamente pelo vazio que existe no que caracterizaria efetivamente os direitos fundamentais. Logo, em verdade, há apenas uma mera tentativa de se impor conteúdos, sem na verdade precisá-los.

Em virtude de tal vazio ontológico, cremos que uma teoria comprometida com os ideais democráticos, como a do Prof. Ferrajoli, sem uma fixação de conteúdo, como bem nos colocam Cláudio Souto e João Maurício Adeodato, pode ser manipulada por ideologias totalmente distintas do ideal do autor, haja vista que regimes autoritários podem traçar uma idéia do que, para os seus interesses, seria fundamental; logo, quais seriam os direitos fundamentais para a manutenção do *status quo* contrário a ideais democráticos? Logo, cada um, a seu bel-prazer, poderia fixar o conteúdo dos direitos fundamentais a partir de vários pontos de partida distintos, e, na maioria das vezes, opostos, muito embora todas as formas - democráticas ou não - de compreender a essência dos direitos fundamentais estariam legitimadas pela teoria de Ferrajoli.

Seria muito desagradável ver uma teoria gerada a partir de ideais não-democráticos ser manipulada por ideologias distintas, que se utilizam de uma forma peculiar de inserção do seu discurso no meio social. Seria muito desagradável, repetimos, que a teoria do estado constitucional de direito, com aspectos formais e "substanciais", fosse conhecida como uma teoria que dá sustentação a regimes totalitários, do mesmo modo que aconteceu com Kelsen, que, por optar por um formalismo metodológico e ontológico do direito, foi tido como um teórico que deu as bases de fundamento de regimes totalitários nazista e fascista, regimes estes que o perseguiram por ser judeu e por suas idéias, forçando-o ao exílio nos Estados Unidos.

Portanto, questões colocadas pelo juiz Perfecto Andrés Ibañez, discípulo de Ferrajoli, sobre a corrupção, em especial, e problemas sobre a gestão da coisa pública, em geral, ao invés de terem a teoria garantista como um aliado contra essas práticas, na verdade ela pode ser uma forma de permitir a dominação política e jurídica de vertente autoritária em virtude da falta precisão conceitual do que vem a ser um direito fundamental. A teoria do garantismo, pela possibilidade de inserir conteúdos os mais diversos no que seja um "direito fundamental", pode legitimar, sim, formas incorretas de gestão de interesses públicos, para citarmos apenas um exemplo dentre os inúmeros que podem existir.

Nessa mesma linha segue uma das correntes do chamado direito alternativo no Brasil, como vimos no capítulo anterior: muito ufanismo e engajamento político e eminentemente ideológico, sem uma preocupação com a fixação de uma teoria com dados concretos da realidade. O homem pode, sim, sonhar, mas acreditamos que nossos sonhos devem ser revertidos em um trabalho sério, com dados efetivos para que possamos construir teorias jurídicas sólidas, com substrato ontológico e epistemológico.

Um mero discurso político como tentativa de fixação de uma teoria, além de incorreto dentro dos parâmetros acadêmicos, pode levar à legitimação de um discurso pelo discurso, sem nenhuma base coerente e concreta que dê respaldo a essa forma de pensar. Parece que essa forma de articulação "acadêmica" ganha platéias em virtude do seu caráter eminentemente emocional, mas não constrói bases sólidas para que possamos efetivar um trabalho sério e de qualidade na academia jurídica.

O perigo está, exatamente, nesse vazio ontológico. O mesmo ocorre com os que imaginam que o direito - na tensão Estado-Sociedade[117] - é fruto meramente do social, sem se atentar que o social também é uma forma de

---

[117] Cf. SANTOS, Boaventura de Sousa: "O Estado e o Direito na Transição Pós-Moderna - para um Novo Senso Comum". *Humanidades*, v. 7, n. 3. Brasília: UnB, 1992, pp. 267-282.

manifestação do direito, tanto quanto o Estado. Logo, privilegiar a forma social em relação à forma estatal não resolve o problema: apenas substitui a forma pela forma, e legitima a existência de quadros sociais totalmente contrários à teoria, como o Esquadrão da Morte ou o tráfico de drogas.[118] Isso pode gerar verdadeiros absurdos jurídico-sociais que se legitimam pelo silêncio, pelo vazio, pela existência de estrutura em detrimento da inexistência de conteúdo.

Por mais atrativas que certas teorias possam parecer, na verdade há o risco de elas serem usadas como base epistemológica para que se concretizem ideais não libertários frente à sociedade. O que fazer? Chegamos a uma aporia? Podemos construir também uma idéia rigorosa de conteúdo para o direito e a democracia? Isso é um trabalho árduo para discussão, e é exatamente essa a intenção do estudo.

Todavia, a aporia ainda persiste: por mais que haja uma necessidade de conteúdos, a sua fixação traz o grave problema de se consistir em um dado *a priori*, inquestionável e balizador da forma de se estudar o direito, e, mais especificamente, os direitos fundamentais, como quer o professor Ferrajoli. Então, o que fazer: abrir o leque às possibilidades de investigação dos direitos fundamentais e admiti-los como fruto de uma construção histórica ou partir para uma determinação rígida, que resolveria problemas de segurança para além do modelo estatal, mas não estaria aberto às novas possibilidades?

A análise da teoria da autopoiese luhmanniana nos ajuda na investigação, pois ela tem por finalidade a demonstração da possibilidade da existência de uma abertura cognitiva para investigação de novas experiências e o aprimoramento da própria autopoiese, inclusive

---

[118] Cf. OLIVEIRA, Luciano: "Ilegalidade e Direito Alternativo - Notas para Evitar Alguns Equívocos". *Ensino Jurídico OAB - Diagnósticos, Perspectivas e Propostas*. Brasília: Conselho Federal da OAB, 1992, pp. 191-200.

na autopoiese do sistema que formaria e informaria o que são os direitos fundamentais.

Todavia, o modelo de Ferrajoli não compactua com a teoria de Luhmann. Pelo menos, este é o entendimento de quem afirma que o direito deve-se justificar a partir de um ponto de vista externo. Se a base de legitimidade do direito se encontra em aspectos políticos, está claro que o direito não se sustenta por si só, nem se autodetermina, como quer a teoria sistêmico-funcional luhmanniana.

O próprio Ferrajoli esclarece que uma autodeterminação e uma autojustificação do direito consistem em teorias de base totalitária, haja vista que, se o direito se legitima por si só e se autojustifica, é óbvio que qualquer comando normativo contido na estrutura autopoiética estaria legítima, o que, para Ferrajoli, não procede.[119]

Eis o problema: a falta de conteúdo nos deixa presos à exploração retórica dos conceitos conforme interesses setorizados e particulares. Por outro lado, a falta de abertura faz com que os dados colhidos não possam ser questionados nem modificados, criando-se uma ditadura da ontologia, a partir não apenas da lei, mas de investigações, que se dizem científicas, para afirmar pontos de partida inexoráveis. Ou seja, o retorno ao direito dogmático formalista. Talvez a mescla de tais possibilidades, constituindo uma "ética da tolerância",[120] seja uma forma de conciliar os problemas.

Por outro lado, teoria garantista pode nos trazer a possibilidade de tratarmos os direitos fundamentais a partir de estilos metodológicos que poderiam fixar e determinar um direito fundamental a partir de seus pressupostos. A tópica de Theodor Viehweg, por exem-

---

[119] FERRAJOLI, Luigi: *Derecho y Razón - Teoria del Garantismo Penal*. (n. 105), p. 854.

[120] A expressão destacada é de João Maurício Adeodato. Cf. ADEODATO, João Maurício: "Ética, Jusnaturalismo e Positivismo no Direito". *Anuário dos Cursos de Pós-Graduação em Direito*. n. 7. Recife: Universitária (UFPE), 1995, p. 214.

plo, pode ser de grande valia para uma determinação dos chamados direitos fundamentais como elemento substancial da validade e vigência no direito a partir da análise de cada problema existente.[121]

Tal possibilidade faz com que se possa trabalhar com várias estruturas sistêmicas para buscar resolver um determinado problema. Para Viehweg, a tópica é uma forma de observação do direito a partir de problemas, criando uma metodologia específica para solucioná-los. Assim, a célebre distinção entre perspectivas sistêmicas e tópicas no direito não teria tanto sentido, haja vista que, mesmo numa teoria que demonstra adotar o direito como um sistema - como a de Ferrajoli - seria possível adotar suas premissas para buscar resolver problemas, em virtude da vagueza e ambigüidade da expressão "direitos fundamentais". Trabalhar com uma estrutura aberta que possibilite o uso da metodologia tópica para inserir elementos argumentativos e retóricos nas decisões judiciais parece ser um caminho interessante para a busca da conciliação entre os valores segurança e justiça no direito.

Como o garantismo trabalha com o direito a partir da estrutura do Estado, mas observando um ponto de vista externo de justificação, não se poderia dizer que nossa tese acerca da utilização de elementos argumentativos iria de encontro à segurança jurídica. Pelo contrário: a partir da própria estrutura do direito estatal, adotar-se-iam outras formas de interpretação, a partir de um novo referencial hermenêutico,[122] com a inclusão

---

[121] Uma menção a tal possibilidade (de enquadramento do método tópico aos direitos fundamentais) está em BÖCKENFÖRDE, Ernst-Wolfgang: *Escritos Sobre Derechos Fundamentales*. Baden-Baden: Nomos Verlagsgesellschaft, 1993, pp. 19-27.

[122] Sobre os problemas da hermenêutica jurídica tradicional, e com um apego a uma nova perspectiva, a partir das obras de Martin Heidegger e Hans-Georg Gadamer, cf. STRECK, Lenio Luiz: *Hermenêutica Jurídica e(m) Crise - Uma Exploração Hermenêutica da Construção do Direito*. Porto Alegre: Livraria do Advogado, 1999, especialmente nas pp. 71 s.

de perspectivas até então desprezadas pelas visões sistêmicas, como a argumentação, nos escritos de Robert Alexy, Manuel Atienza e, sobretudo, de Jürgen Habermas, a retórica, nas obras de Chaïm Perelman, e a tópica, desenvolvida por Theodor Viehweg e estudada por Ottmar Ballweg, Juan Antonio Garcia Amado, dentre outros. Não é à toa que os autores, não se dando por satisfeitos com o positivismo jurídico tradicional e formalista, buscam novas formas de observação do direito, a partir de uma necessidade de compatibilização de tais perspectivas, como a idéia de razoabilidade defendida por Aulis Aarnio.

É certo que a teoria de Luigi Ferrajoli, muito embora ela corra o risco acentuado de ser manipulada por estruturas de poder que se valham da imprecisão conceitual dos direitos fundamentais, também serve de alento aos teóricos, haja vista que abre possibilidades argumentativas para a configuração de direitos fundamentais a cada problema específico, se tomarmos a tópica como referência.

Tomando-se a Constituição brasileira de 1988, verifica-se que seu texto, ao tratar dos direitos fundamentais, determina que os direitos enumerados no art. 5º não excluem a existência de outros direitos que sejam decorrentes dos seus princípios basilares ou de tratados internacionais nos quais o Brasil seja parte. Tal prescrição constitucional abre um leque argumentativo de construção tópica dos direitos fundamentais, haja vista que o intérprete, tomando por base os princípios contidos na Carta de 1988, pode estabelecer a existência de direitos fundamentais a partir de um problema específico, e solucioná-lo através da aplicação de tal direito ao caso.

Verifique-se, então, que, mesmo podendo ser manipulada, a teoria do garantismo jurídico encontra guarida não apenas sob o aspecto filosófico abordado, mas também nos cânones estatais do direito brasileiro, sendo uma forma de incluir elementos até então ausentes da interpretação jurídica em casos concretos. Seria, assim, uma forma de se afirmar que não há mais espaço para uma ontologia jurídica?

6. Conclusões: "ética da tolerência" e ontologia jurídica: caminhos possíveis

6.1. Ontologia na realidade jurídica subdesenvolvida

Como se viu nos capítulos anteriores, o problema da ontologia, além de ser um árduo ponto de discussão na filosofia, também possui uma importância fundamental na teoria do direito. A base teórica do direito é de fundamental importância para que se possam fazer análises diversificadas e conectadas a problemas sociojurídicos de extrema relevância nos dias de hoje.

Além do mais, os matizes ontológicos que nortearam a filosofia do direito sempre foram os mais variados, como demonstrado na análise dos capítulos 3 e 4. Tais pontos de análise, como se viu, buscam, cada qual ao seu modo, uma ontologia jurídica. Todavia, o problema está exatamente na necessidade ou não de uma ontologia no direito.

A teoria de Ferrajoli busca unir ambas as perspectivas, a tradicional e a crítica, para buscar uma ontologia específica: a dos direitos fundamentais como base e conteúdo substancial de toda e qualquer forma de direito válido. Ferrajoli busca na teoria tradicional os conceitos de *validade* e de *elemento formal* do direito, este último extraído diretamente da teoria pura do direito. Das teorias críticas ao direito dogmático, dentre as quais o direito alternativo, o prof. Ferrajoli busca uma fixação do direito não mais como forma (Kelsen), mas também com o seu elemento substancial, muito embora a idéia de legalidade está, para ele, intrínseca ao direito. Enfim, é uma tentativa de união de perspectivas a princípio opostas, com a finalidade de se traçar um paradigma ao direito. E, como toda ontologia é uma forma de se estabelecer paradigmas, o que se busca - mas não se alcança - é a fixação de uma ontologia jurídica a partir da junção dos elementos formal e substancial característicos do direito.

Ocorre que, na realidade subdesenvolvida, cada vez mais difícil fica a tarefa de se estabelecer uma ontologia. Se a fixação de conteúdo tem por objetivo a emancipação direitos para alguns, ela também pode transformar o intérprete e o interessado pelo direito em um escravo de si mesmo e dos elementos ontológicos.

O chamado direito subdesenvolvido, que de certo modo analisamos no capítulo quarto, demonstra claramente uma complexidade social intensa. Além do surgimento da distinção entre o direito e as demais ordens normativas éticas, há uma enormidade de formas de solução de conflitos no meio social, quase sempre ocasionadas pela inércia do Estado em solucionar os conflitos existentes no mundo social, cada vez mais intensos e sem soluções do direito oficial.

Logo, as formas não-oficiais de solução de problemas são hoje a regra de países subdesenvolvidos, o que faz com que existam mil formas distintas de direito em um mesmo espaço territorial, como bem estabelece Boaventura de Sousa Santos.[123] Tal pluralidade jurídica nos

---

[123] SANTOS, Boaventura de Sousa: *O Discurso e o Poder - Ensaio sobre a Sociologia da Retórica Jurídica*. Porto Alegre: Fabris, 1998, pp. 64 s. Cf. tb., do mesmo autor, *Pela Mão de Alice - o Social e o Político na Pós-Modernidade*. São Paulo: Cortez, 1997, pp. 235-280.

faz ter em mente que as múltiplas possibilidades afastariam a idéia de uma ontologia jurídica nos países subdesenvolvidos, restando apenas uma abertura retórica para o fundamento de legitimidade das decisões a partir de uma estruturação competente do uso das palavras como formas de dominação.

Todavia, como bem explicita Adeodato, tal estrutura de pensamento, por criar um dado *a priori*, também seria uma forma de ontologia, mesmo que reconhecendo a pluralidade. Então, afirmar que não existe uma ontologia seria, paradoxalmente, uma ontologia, por ser um enunciado com pretensões de verdade inquestionável, assim como as leis e comandos estatais, por exemplo.

Não haveria, pois, espaço à ontologia? Talvez uma ética da tolerância possa ser uma forma de tentar conciliar perspectivas ontológicas e retóricas.

6.2. Por uma união entre perspectivas ontológicas e retóricas no direito: o problema da "ética da tolerância"

Como visto anteriormente, existe um problema grave na filosofia do direito em conciliar problemas de segurança e de justiça na caracterização do objeto *direito*. Tal problema está exatamente na tentativa de conciliar uma idéia de conteúdo ao direito, eminentemente na busca de uma ontologia, como propõe Cláudio Souto,[124] com a possibilidade de que este conteúdo responda aos anseios sociais e às necessidades da coletividade, cada vez mais alheia ao processo de conquistas efetivas de direitos.

Todavia, fixar conteúdos, como já salientado nestas considerações finais, não estabelece uma possibilidade

---

[124] SOUTO, Cláudio: *Ciência e Ética no Direito - uma Alternativa de Modernidade*. Porto Alegre: Fabris, 1992, pp. 99-107.

de mutação - pois os dados colhidos seriam paradigmas fixos - e, por conseguinte, podem, com outro viés epistemológico, cometer os mesmos erros do positivismo exegético e do jusnaturalismo: a fixação de dogmas inquestionáveis como sendo o conteúdo do direito em si.[125] A tendência, ao que parece, não é o apego a maniqueísmos, mas sim à necessidade de uma pluralidade de possibilidades de uma ontologia jurídica, havendo a inter-relação entre a ontologia e a retórica.

Se se quer ainda falar em ontologia, não se pode mais fazê-lo na forma tradicional, ou seja, de imposição de verdades absolutas como o fundamento de legitimidade do direito e do poder. O que se propõe, então, é uma revisão do conceito de ontologia no direito; uma ontologia mutável, capaz de abarcar as diferenças existentes a partir dos fundamentos de argumentação traçados pelos conflitantes.

Tal postura, claro, prejudica a investigação do problema da segurança no direito, haja vista que, sem as normas jurídicas, estatais ou não, inexistem referenciais de aplicação do direito para resolver conflitos sociais. Mesmo que a admissão da pluralidade possa, para alguns, ser uma forma de abandono completo da ontologia, assim não pensamos, haja vista que os enunciados, em geral, buscam sempre manifestar uma idéia de verossimilhança do que se quer dizer, ou seja, de dados que busquem, por si sós, serem considerados verdadeiros. Por conseguinte, a oração "o direito deve assumir a pluralidade de possibilidades de sua determinação" é, também, uma ontologia, por buscar transmitir a verossimilhança do que foi informado.[126] Enfim, há uma junção

---

[125] Sobre os temas, cf. FERRAZ JR., Tercio Sampaio: *Introdução ao Estudo do Direito - Técnica, Decisão, Dominação.* São Paulo: Atlas, 1994, p. 170 s. Cf. tb. LARENZ, Karl: *Metodologia da Ciência do Direito.* Lisboa: Fundação Calouste Gulbenkian, 1997, pp. 45 s.

[126] ADEODATO, João Maurício: *Filosofia do Direito - uma Crítica à Verdade na Ética e na Ciência.* São Paulo: Saraiva, 1996, pp. 208-213, quando trata da "inevitabilidade de uma ontologia".

de perspectivas ontológicas e retóricas na caracterização do direito.

Como uma forma de coadunar os problemas gerados pela ontologia, e efetuar sua respectiva junção com a retórica, Adeodato surge com a proposta de uma "ética da tolerância", que busque exatamente respeitar a diversidade servindo as normas do direito positivo como forma de auferir a segurança necessária ao direito, e os espaços argumentativos como claramente existentes em respeito à diversidade de formas de percepção do jurídico.

Enfim, a ética da tolerância seria uma maneira de não se fixar na ontologia generalizante dos jusnaturalismos e positivismos até então imperantes na filosofia do direito. O eixo da ontologia se modifica, criando espaços para as possibilidades de uso de estruturações retóricas para a solução dos conflitos. Ou seja, uma idéia de essência mutável, a partir de um referencial normativo preexistente, mas concatenado a problemas concretos que precisam ser solucionados, sendo o direito uma forma de resolver os problemas comuns existentes, os *topoi*. Daí o nome tópica, estabelecida no direito por Theodor Viehweg.

Todavia, a ética da tolerância enfrenta problemas de manipulação na mesma ordem sofrida pelo garantismo jurídico. Ou seja: a questão da manipulação das normas que funcionariam como ponto de partida. Mas o que se busca é a união do ponto de partida ao problema concreto, que pode ser solucionado de inúmeras maneiras possíveis. Mesmo assim, o espaço retórico permite que aquele que tem bom uso de sua persuasão faça prevalecer sua opinião, pouco importando o fato de ela ser ou não adequada a ideais democráticos ou a formas de inserção e conquistas de direitos sonegados.

Parece, pois, que o direito, realmente, não possui nenhum conteúdo específico. Não há como reduzir a complexidade do direito a palavras que especifiquem uma única e correta idéia do que ele vem a ser. Sendo assim, o espaço para a argumentação seria algo inexorável, ontológico, mesmo. Todavia, toda ontologia tem seus problemas, como salientamos supra. Estamos diante de mais uma aporia filosófica no direito. Existem possibilidades de reversão das aporias mencionadas?

6.3. Possibilidades de discussão para o futuro

A grande batalha do teórico do direito é enfrentar os problemas sugeridos acima. Temos plena convicção de que, em um trabalho desta ordem, não poderíamos chegar a conclusões mais esclarecedoras do fenômeno jurídico, muito embora a intenção tenha sido a de fomentar o debate. E a discussão de temas tão inesgotáveis de perquirições e, por isso mesmo, longe de conclusões - que seriam uma forma de estabelecer ontologias - já é uma grande vitória para o aprimoramento intelectual daqueles que têm interesse pelo direito; um direito vivo, que porém nem sempre consegue mostrar a sua cara; um direito consagrador ou tolhedor de bens e liberdades; uma forma de conhecimento que existe desde que somos seres sociais.

A tentativa de expor as idéias em filosofia do direito já provoca inquietação e formas diversas de pensar. Que tenhamos, também, uma ética da tolerância com as formas divergentes de pensamento, que, mais do que contestar academicamente, colaboram para o engrandecimento do debate e para o aprofundamento de questões desde sempre debatidas pela filosofia e pelo direito.

Assim, o garantismo jurídico pode ser uma forma de configuração das possibilidades argumentativas no direito, tomando-se as normas estatais como ponto de partida de uma nova forma de observação do direito. Com certeza, a idéia de ontologia como sendo o absoluto, o ser-em-si, não encontra mais guarida no direito. Para se falar em uma ontologia jurídica, só se revisarmos completamente seu conceito, partindo-se de uma essência mutável, que admita a multiplicidade e a pluralidade como marcas latentes da sociedade extremamente complexa na qual vivemos. Talvez as idéias que busquem reduzir a complexidade, como a teoria da autopoiese de Niklas Luhmann, sejam mais perigosas por buscar enquadrar um mundo complexo em estamentos, subsistemas, que não espelham a realidade de países subdesenvolvidos, como vimos anteriormente.

Logo, os espaços sociais sempre trazem em si formas de direito. A imposição de modelos rígidos e que se legitimam por si sós podem, fatalmente, levar o direito a ser uma forma de dominação sem a preocupação com a diversidade, com a pluralidade e com a complexidade próprias do meio jurídico-social.[127] Mas, como vimos, a pluralidade, por ser forma, também pode ser manipulada, mas que as possibilidades de argumentação existam. E, num Estado de Direito frágil como o do Brasil, a capacidade plena de argumentar já seria, como de fato é, uma grande vitória; não que tal conquista possa ser considerada o último estágio de aferições de direitos, mas sim o pontapé inicial para que possamos celebrar outras conquistas sociais. E o direito é um excelente aliado para almejar tais objetivos.

---

[127] Cf. CÁRCOVA, Carlos María: *La Opacidad del Derecho*. Madrid: Trotta, 1998, pp. 38-46, que afirma a falta de clareza dos postulados jurídicos em função da complexidade social circundante.

7.Bibliografia

7.1. Livros

ABBAGNANO, Nicola: *Dicionário de Filosofia*. São Paulo: Martins Fontes, 1998.

ADEODATO, João Maurício: *O Problema da Legitimidade - no Rastro do Pensamento de Hannah Arendt*. Rio de Janeiro: Forense Universitária, 1989.

————: *Filosofia do Direito - uma Crítica à Verdade na Ética e na Ciência*. São Paulo: Saraiva, 1996.

AFTALIÓN, Enrique e VILANOVA, José: *Introducción al Derecho*. Buenos Aires: Abeledo-Perrot, 1994.

ALEXY, Robert: *Teoría de los Derechos Fundamentales*. Madrid: Centro de Estudios Constitucionales, 1997.

ARENDT, Hannah: *A Condição Humana*. Rio de Janeiro: Forense Universitária, 1997.

ARRUDA JR., Edmundo Lima de: *Introdução à Sociologia Jurídica Alternativa (Ensaio sobre o Direito numa Sociedade de Classes)*. São Paulo: Acadêmica, 1993.

ASCENSÃO, José de Oliveira (org.): *Água Branca - Pesquisa de um Direito Vivo*. Recife: Imprensa Universitária, 1978.

————: *O Direito - Introdução e Teoria Geral (uma Perspectiva Luso-Brasileira)*. Rio de Janeiro: Renovar, 1994.

BÖCKENFÖRDE, Ernst-Wolfgang: *Escritos Sobre Derechos Fundamentales*. Baden-Baden: Nomos Verlagsgesellschaft, 1993.

CADEMARTORI, Sérgio: *Estado de Direito e Legitimidade - uma Abordagem Garantista*. Porto Alegre: Livraria do Advogado, 1999.

CÁRCOVA, Carlos María: *La Opacidad del Derecho*. Madrid: Trotta, 1998.

COSSIO, Carlos: *La Teoría Egológica del Derecho y el Concepto Jurídico de Libertad*. Buenos Aires: Abeledo-Perrot, 1964.

DAMATTA, Roberto: *Carnavais, Malandros e Heróis - Para uma Sociologia do Dilema Brasileiro*. Rio de Janeiro: Rocco, 1997.

DINIZ, Maria Helena: *Compêndio de Introdução à Ciência do Direito*. São Paulo: Saraiva, 1995.

ECO, Umberto: *O Nome da Rosa*. São Paulo - Rio de Janeiro: Record, 1986.

FERRAJOLI, Luigi: *Derecho y Razón - Teoría del Garantismo Penal*. Madrid: Trotta, 1998.

FERRAZ JR., Tercio Sampaio: *Conceito de Sistema no Direito - uma Investigação Histórica a partir da Obra Jusfilosófica de Emil Lask*. São Paulo: RT, 1976.

——: *Função Social da Dogmática Jurídica*. São Paulo: RT, 1980 ou São Paulo: Max Limonad, 1998.

——: *Introdução ao Estudo do Direito - Técnica, Decisão, Dominação*. São Paulo: Atlas, 1994.

GAOS, José: *Introducción a El Ser y El Tiempo de Martin Heidegger*. México: Fondo de Cultura Económica, 1996.

GARCÍA AMADO, Juan Antonio: *Teorías de la Topica Juridica*. Madrid: Civitas, 1988.

——: *La Filosofía del Derecho de Habermas y Luhmann*. Bogotá: Universidad Externado de Colombia, 1997.

GUERRA FILHO, Willis Santiago: *Autopoiese do Direito na Sociedade Pós-Moderna - Introdução a uma Teoria Social Sistêmica*. Porto Alegre: Livraria do Advogado, 1997.

HABERMAS, Jürgen: *Problemas de Legitimación en el Capitalismo Tardío*. Buenos Aires: Amorrotu, 1975.

HART, Herbert: *O Conceito de Direito*. Lisboa: Fundação Calouste Gulbenkian, 1996.

HEIDEGGER, Martin: *Introdução à Metafísica*. Rio de Janeiro: Tempo Brasileiro, 1987.

KAUFMANN, Arthur e HASSEMER, Winfried (orgs.): *El Pensamiento Jurídico Contemporáneo*. Madrid: Debate, 1992.

KELSEN, Hans: *Teoria Pura do Direito*. São Paulo: Martins Fontes, 1985.

——: *Teoria Geral do Direito e do Estado*. São Paulo: Martins Fontes, 1995.

LAFER, Celso: *Hannah Arendt - Pensamento, Persuasão e Poder*. Rio de Janeiro: Paz e Terra, 1979.

——: *A Reconstrução dos Direitos Humanos - um Diálogo com o Pensamento de Hannah Arendt*. São Paulo: Companhia das Letras, 1988.

LARENZ, Karl: *Metodologia da Ciência do Direito*. Lisboa: Fundação Calouste Gulbenkian, 1997.

LÔBO, Paulo Luiz Netto: *O Contrato - Exigências e Concepções Atuais*. São Paulo: Saraiva, 1986.

LUHMANN, Niklas: *Legitimação pelo Procedimento*. Brasília: UnB, 1980.

MATURANA, Humberto e VARELA, Francisco: *Autopoiesis and Cognition - The Realization of the Living*. Boston/Dordrecht: D. Reidel, 1981.

MIRANDA, [Francisco Cavalcanti] Pontes de: *Sistema de Ciência Positiva do Direito*. Rio de Janeiro: Borsoi, 1972.

NEVES, Marcelo: *Teoria da Inconstitucionalidade das Leis*. São Paulo: Saraiva, 1988.

——: *A Constitucionalização Simbólica*. São Paulo: Acadêmica, 1994.

REALE, Miguel: *Filosofia do Direito*. São Paulo: Saraiva, 1994.

——: *Teoria Tridimensional do Direito - Situação Atual*. São Paulo: Saraiva, 1994.

SALDANHA, Nelson: *Ordem e Hermenêutica - Sobre as Relações Entre as Formas de Organização e o Pensamento Interpretativo, Principalmente no Direito*. Rio de Janeiro: Renovar, 1992.

SANTOS, Boaventura de Sousa: *O Discurso e o Poder - Ensaio sobre a Sociologia da Retórica Jurídica*. Porto Alegre: Fabris, 1988.

——: *Pela Mão de Alice - O Social e o Político na Pós-Modernidade*. São Paulo: Cortez, 1997.

SCHELER, Max: *Ética - Nuevo Ensayo de Fundamentación de un Personalismo Ético*. Buenos Aires: Revista del Occidente Argentina, 1948, t. I.

——: *Visão Filosófica do Mundo*. São Paulo: Perspectiva, 1986.

SOUTO, Cláudio: *O Que é Pensar Sociologicamente*. São Paulo: EPU, 1987.

——: *Ciência e Ética no Direito - uma Alternativa de Modernidade*. Porto Alegre: Fabris, 1992.

——: *Tempo do Direito Alternativo - uma Fundamentação Substantiva*. Porto Alegre: Livraria do Advogado, 1997.

STRECK, Lenio Luiz: *Hermenêutica Jurídica e(m) Crise - Uma Explicação Hermenêutica da Construção do Direito*. Porto Alegre: Livraria do Advogado, 1999.

TEUBNER, Günther (org.): *Autopoietic Law: A New Approach to Law and Society*. Berlin-New York: Walter de Gruyter, 1988.

——: *O Direito como Sistema Autopoiético*. Lisboa: Fundação Calouste Gulbenkian, 1993.

VIEHWEG, Theodor: *Tópica e Jurisprudência*. Brasília: Departamento de Imprensa Nacional, 1979.

WEBER, Max: *Economía y Sociedad - Esbozo de una Sociología Compreensiva*. México: Fondo de Cultura Económica, 1996.

WARAT, Luis Alberto: *O Direito e sua Linguagem*. Porto Alegre: Fabris, 1984.

ZOLA, Émile: *Germinal*. Rio de Janeiro: Nova Cultural, 1996.

7.2. Artigos

ADEODATO, João Maurício: "A Legitimação pelo Procedimento Juridicamente Organizado - Notas à Teoria de Niklas Luhmann". *Revista da Faculdade de Direito de Caruaru*.a. XII, n. 16. Caruaru: FDC, 1985, pp. 65-92.

——: "Filosofia do Direito de Dogmática Jurídica". *Direito em Debate*, v. 1, n. 1. Ijuí: Unijuí, 1991, pp. 38-56.

——: "Para uma Conceituação do Direito Alternativo". *Revista de Direito Alternativo*, n. 01. São Paulo: Acadêmica, 1992, pp. 157-174.

——: "Uma Teoria (Emancipatória) da Legitimação para Países Subdesenvolvidos". *Anuário do Mestrado em Direito*, n. 05. Recife: Universitária (UFPE), 1992, pp. 207-242.

——: "Ética, Jusnaturalismo e Positivismo no Direito". *Anuário dos Cursos de Pós-Graduação em Direito*, n. 7. Recife: Universitária (UFPE), 1995, pp. 199-216.

——: "Modernidade e Direito". *Revista da ESMAPE*, v. 2, n. 6. Recife: ESMAPE, 1997, pp. 255-273.

ANDRADE, Lédio Rosa de: "Processo Social Alternativo" *in* ARRUDA JR, Edmundo Lima de (org.): *Lições de Direito Alternativo*, n. 02. São Paulo: Acadêmica, 1992, pp. 80-94.

ANTUNES, José Engrácia: "Prefácio" *in* TEUBNER, Günther: *O Direito como Sistema Autopoiético*. Lisboa: Fundação Calouste Gulbenkian, 1993.

ARGÜELLO, Katie: "Niklas Luhmann e o Direito - Elementos para uma Crítica à Teoria Sistêmica". *Revista de Direito Alternativo*, n. 3. São Paulo: Acadêmica, 1994, pp. 157-176.

ARRUDA JR., Edmundo Lima de: "Direito Alternativo no Brasil: alguns Informes e Balanços Preliminares" *in* ARRUDA JR, Edmundo Lima de (org.): *Lições de Direito Alternativo*, n. 02. São Paulo: Acadêmica, 1992, pp. 159-177.

FERRAJOLI, Luigi: "O Direito como Sistema de Garantias" *in* OLIVEIRA JUNIOR, José Alcebíades de (org.): *O Novo em Direito e Política*. Porto Alegre: Livraria do Advogado, 1997, pp. 89-109.

KOZICKY, Katia: "A Estrutura Aberta da Linguagem do Direito: Vagueza e Ambigüidade". Curitiba: *mimeo*, s/d.

MAIA, Alexandre da: "O Movimento do Direito Alternativo e sua Influência no Poder Judiciário da Comarca do Recife". *Revista da OAB - Seccional de Pernambuco*. Recife: OAB - TS Serviços Gráficos, 1997, pp. 41-62.

NEVES, Marcelo: "Do Pluralismo Jurídico à Miscelânea Social: O Problema da Falta de Identidade da(s) Esfera(s) de Juridicidade na Modernidade Periférica e suas Implicações na América Latina". *Anuário do Mestrado em Direito*, n. 06. Recife: Universitária (UFPE), 1993, pp. 313-357.

————: "A Crise do Estado: da Modernidade Central à Modernidade Periférica - Anotações a partir do Pensamento Filosófico e Sociológico Alemão". *Revista de Direito Alternativo*, n. 3. São Paulo: Acadêmica, 1994, pp. 64-78.

OLIVEIRA, Luciano: "Ilegalidade e Direito Alternativo: Notas para Evitar alguns Equívocos". *Ensino Jurídico OAB - Diagnósticos, Perspectivas e Propostas*. Brasília: Conselho Federal da OAB, 1992, pp.191-200.

SANTOS, Boaventura de Sousa: "O Estado e o Direito na Transição Pós-Moderna - para um Novo Senso Comum". *Humanidades*, v. 7, n. 3. Brasília: UnB, 1992, pp. 267-282.

SOUTO, Cláudio: "Ciência do Direito e Filosofia Jurídica no Limiar do Terceiro Milênio: para Além de um Pré-Iluminismo?". *Revista de Direito Alternativo*, n. 02. São Paulo: Acadêmica, 1993, pp. 28-34.

————: "Direito Alternativo: em Busca de sua Teoria Sociológica". *Revista da Escola Superior da Magistratura do Estado de Pernambuco (ESMAPE)*. Recife: ESMAPE, 1996, pp. 16-73.

————: "Para uma Teoria Científico-Social Moderna do Direito". *Anuário do Mestrado em Direito*, n. 05. Recife: Universitária (UFPE), 1992, pp. 137-170.

SOUSA JR, José Geraldo de: "Movimentos Sociais - Emergência de Novos Sujeitos: O Sujeito Coletivo de Direito" *in* ARRUDA JR, Edmundo Lima de (org.): *Lições de Direito Alternativo*, n. 01. São Paulo: Acadêmica, 1991, pp. 131-142.

TEIXEIRA, João Paulo Allain: "Alternatividade e Retórica no Direito - para Além do Embate Ideológico". *Revista da OAB - Seccional de Pernambuco*. Recife: OAB-TS, 1997, pp. 77-92.

————: "A Caracterização do Objeto da Ciência do Direito e seu Problema Hermenêutico-Decisório". *Revista da ESMAPE*, v. 3, n. 7. Recife: ESPAPE, 1998, p.405-428.

WARAT, Luis Alberto: "O Senso Comum Teórico dos Juristas" *in* SOUSA JR., José Geraldo de (org.): *Introdução Crítica ao Direito (série "O Direito Achado na Rua")*. Brasília: UnB, 1993, pp. 101-104.

7.3. Dissertações e teses

CASTRO JÚNIOR, Torquato da Silva: *O Direito Natural Aristotélico como* Topos *Legitimador*. Recife: CPGD/UFPE (dissertação de mestrado), 1995, 124 pp.

STAMFORD, Artur: *A Decisão Judicial - Dogmatismo e Empirismo*. Recife: CPGD/UFPE (dissertação de mestrado), 1998, 153 pp.

7.4. Internet

Web Site sobre Max Scheler, com dados sobre sua vida e obra, organizada pelo Prof. Dr. Manfried Frings:
http://members.aol.com/fringsmk/scheler3.htm, 3 de janeiro de 1999.

7.5. Legislação

BRASIL: *Constituição da República Federativa do Brasil* - promulgada em 5 de outubro de 1988. São Paulo: Saraiva, 1993.

BRASIL: *Código Penal* - Decreto-Lei nº 2.848, de 7 de dezembro de 1940. Rio de Janeiro: Rideel, 1991.

BRASIL: *Código de Processo Civil* - Lei nº 5.869, de 11 de janeiro de 1973, anotada por Theotonio Negrão. São Paulo: Malheiros, 1994.